OLIVER OHMANN

Reinickendorf

Bild S. 2:
Rathaus
Reinickendorf

Abbildungen
Fotolia: Titelbild
Alle übrigen Abbildungen: Oliver Ohmann

Impressum

Gestaltung und Satz: Mario Zierke, Berlin
Printed in the European Union
ISBN 978-3-96201-019-5

INHALT

Einleitung

Segelboote in Tegelort

Womöglich ist von allen Berliner Himmelsrichtungen der Norden die am wenigsten beachtete. Natürlich zu Unrecht! Denn hier liegt Reinickendorf, das wir in fünf Spaziergängen durchstreifen und vorstellen werden. Ein Bezirk, der Spaziergänger durch seine Vielfalt überrascht, aber auch durch seine Kontraste. Elf Ortsteile erzählen Geschichte und viele spannende Geschichten. Große Teile des Bezirks bieten Naherholung pur. Man findet Wasser und Uferwege, jede Menge Wald, Parks, Seen und natürlich das einzigartige Fließtal. Gleichwohl kann man im Bezirk die Entwicklung der Industrialisierung und des Wohnungsbaus der Metropole Berlin studieren.

Wer in der Hauptstadt waschechte Berliner sucht, der wird zwischen dem Märkischen Viertel und Heiligensee schnell fündig. Über 57 Prozent der Reinickendorfer sind hier geboren. Zum Vergleich: In Mitte können nur rund ein Drittel aller Bewohner eine Wiege an der Spree nachweisen. Diese Treue zum heimatlichen Kiez muss Gründe haben und wir spüren ihnen auf den Spaziergängen nach.

Man kann Reinickendorf ganz bequem zu Fuß oder mit dem Rad erkunden. Wer nicht das Glück hat, im „Fuchsbezirk“ zu wohnen, der gelangt mit öffentlichen Verkehrsmitteln zügig an einen der Startpunkte. Jede Tour dauert etwa 2 ½ bis 3 Stunden. Das gilt natürlich nur, wenn man sich nicht hie und da eine Pause gönnt. Und tun Sie das bitte! Teilen Sie die Touren in selbst gewählte Etappen. So sammeln Sie in Windeseile vor Ort die ausführlichen Informationen, auf die hier aus Platzgründen verzichtet wurde. Reinickendorf ist viele kleine Entdeckungsreisen wert. Das gilt für Touristen, Zugereiste und für alle, die schon lange hier wohnen – und nicht im Traum daran denken, dies zu ändern.

Reinickendorf und Wittenau

Der Schäfersee ist während der Eiszeit entstanden.

Wo liegt eigentlich Reinickendorf? Das „Conversations-Handbuch für Berlin und Potsdam“ erklärte es den Bewohnern von Spree-Athen schon 1834 ziemlich genau. Es beschrieb den heute fünftgrößten Stadtbezirk von Berlin als „ein Dorf hinter dem Wedding“. Daher beginnt der erste Spaziergang durch „Renekendorf“, so 1344 erstmals urkundlich erwähnt, direkt hinter Wedding, am U-Bahnhof Franz-Naumann-Platz am Schäfersee. Im Südosten ist die Bezirksgrenze für Spaziergänger kaum zu spüren. Doch wer den 1929 angelegten Park am Schäfersee besucht, bekommt bereits einen Eindruck, wie grün Reinickendorf ist. Früher weideten hier tatsächlich Schafe, man wusch sie vor der Schur im See, doch das ist lange her. Im 18. Jahrhundert erwähnt die Ortsteil-Chronik eine Schäferei am Südufer des bis zu sieben Meter tiefen Gewässers. Die fast kreisrunde Form verrät den eiszeitlichen Ursprung des Schäfersees. Als sich die Gletscher, die sich bis zu 200 Meter hoch über Reinickendorf türmten, vor rund 14 000 Jahren zurückzogen, blieben hie und da riesige Toteisblöcke im Berliner Gebiet liegen. Sie schmolzen ab und bildeten Seen im Urstromtal. Die meisten verlandeten im Laufe der Jahrtausende, erhalten blieben

u. a. der Weiße See, der Orankesee und eben der Schäfersee. Ihre Entstehung kann man übrigens in einem Blumentopf simulieren. Dr. Beate Witzel, die die Eiszeit in Berlin erforscht hat, erklärt das Experiment: „Drücken Sie mehrere Eiswürfel in die Erde. Schmilzt das Eis, dann entsteht eine näpfchenförmige Senke im Sand.“ Voilà, genau so entstand – rund neun Jahrtausende vor Errichtung der ersten Pyramiden – der Schäfersee in Reinickendorf.

Der Bauhausstil war Vorbild für die Wohnsiedlung Weiße Stadt, die zwischen 1929 und 1931 gebaut worden ist.

Wer nicht für ein Stündchen ein Boot mieten möchte, der gelangt quer durch Laubenland ins **Schweizer Viertel**. 6200 Schrebergärten zählt der Bezirk auf insgesamt 2,45 Millionen Quadratmetern. Die kleinste der 57 Anlagen ist die Kolonie „Schweizertal“ mit nur neun Parzellen, die größte „Steinberg“ in Wittenau mit insgesamt 645 Laubenpieper-Paradiesen. Über den schon sehr eidgenössisch klingenden Grindelwaldweg stößt man auf die Aroser Allee und nördlich an der Emmentaler Straße auf ein Weltkulturerbe. Die **Weiße Stadt** ist eine der sechs Berliner Wohnsiedlungen der Moderne, die 2008 von der Unesco in die Welterbeliste aufgenommen wurden. Die Siedlung entstand nach Entwürfen der Architekten Otto Rudolf Salvisberg, Bruno

Ahrends und Wilhelm Büning. Bereits vor dem Ersten Weltkrieg war auf dem 14-Hektar-Areal eine Siedlung geplant. Realisiert wurde sie jedoch erst 1929 bis 1931. Das Bauhaus stand unverkennbar Pate für insgesamt 1000 Wohnungen. Zweckmäßig modern ausgestattet und bezahlbar sollten sie sein und sind bis heute ein Beispiel des frühen sozialen Wohnungsbaus in Berlin. Heute leben über 2000 Menschen in der inzwischen auch energetisch sanierten Großsiedlung. Mit der Auszeichnung als Weltkulturerbe verbanden sich Ängste und Hoffnungen. Befürchtete Mieterhöhungen wurden von Amtsseite sofort dementiert, gleichzeitig hofften die Anwohner auf eine bessere Pflege der Grünanlagen. Denn wer in der Weißen Stadt wohnt, der möchte in aller Regel auch dort bleiben. Ein Lebensmotto, das übrigens für die meisten Wohnlagen des Bezirks gilt. Der Reinickendorfer ist seinem Kiez treu. Eine Studie fand 2017 heraus, dass nur jeder 20. Berliner nach Reinickendorf ziehen würde (die Mehrheit sehnt sich nach Pankow und Mitte), jedoch für fast 55 Prozent der Reinickendorfer ein Umzug über die Bezirksgrenze hinweg nicht infrage kommt. Der Berliner Norden ist offensichtlich etwas für Kenner und die Lebensqualität besser als sein Ruf.

Die Dorfkirche Alt-Reinickendorf stammt aus dem 14. Jahrhundert.

Am nördlichen Ende stößt die Aroser Allee auf die Anfänge der Ortsgeschichte. Zeugnis dafür ist die **Dorfkirche** auf dem Anger **Alt-Reinickendorf**. Im 14. Jahrhundert tauchte der Name Reinickendorf erstmals in Urkunden auf, doch da war das Örtchen schon über 100 Jahre alt. Ein Ritter namens Reinhard hatte um 1230 deutsche Siedler angeworben und das Dorf in der Mark gegründet. Als „Lokator“, der die Gebiete seines Landesherren verteilte, hatte Reinhard gute Kontakte zu den Askanischen Markgrafen, als deren Subunternehmer er um Siedler warb. Die meisten Ur-Reinickendorfer kamen aus der Gegend zwischen Harz, Thüringer Wald, Saale und Elbe, es waren aber auch Westfalen, Rheinländer und Holländer darunter. Sicher war Reinhard ein hochmittelalterliches Organisationstalent und ein Meister der Diplomatie.

Apropos Meister. Macht man am Dorfanger eine kleine Biege, dann steht man an der Wiege eines Weltmeisters. Auf dem **Füchse-Sportplatz** am Freiheitsweg kickte der jugendliche Thomas Häßler ab 1979 für die Reinickendorfer Füchse. Mit 18 Jahren wechselte er 1984 zum 1. FC Köln, wo ihm ein anderer Berliner, nämlich Pierre Littbarski, seinen Spitznamen verpasste. Litti taufte ihn „Icke“, weil Häßler beim Training

Auf dem Sportplatz der Reinickendorfer Füchse kickte schon manch späterer Fußballprofi.

"Prometheus" – so lautet der Name einer ehemaligen Maschinenfabrik, die Zeugnis ablegt über den früheren Industriestandort im Berliner Norden.

so hemmungslos berlinerte. Gemeinsam triumphierten sie 1990 im WM-Finale von Rom. Sportlich verbindet man die **Füchse Berlin** (wie der Verein seit 2012 heißt) heute mit den erfolgreichen Handball-Profis. Sie haben ihren Bundesliga-Fuchsbau allerdings in der Max-Schmeling-Halle aufgeschlagen.

Doch zurück zum Freiheitsweg. Geht man Richtung **Kriegsgräberstätte** (Freiheitsweg 64), entdeckt man links an einem Backsteingebäude den verwitterten Schriftzug „Prometheus“. Es sind Überreste einer Maschinenfabrik dieses Namens, die hier ab 1913 Zahnräder und Getriebe produzierte. Das Gebäude wurde bereits 1899 errichtet, für Berlins älteste Schraubenfabrik „A. Schwarzkopff“. Es ist eines von vielen Beispielen für den aufstrebenden Industriestandort, der sich in der Gründerzeit vor Berlins nördlicher Stadtgrenze etablierte.

Der erste Neubau eines Berliner Hallenbades seit 1924 eröffnete am 29. Oktober 1960 an der Roedernallee. Das **Paracelsus-Bad**, das man über die Aroser Allee und die Lindauer Allee erreicht, verdankt seinen Namen einem Wettbewerb Reinickendorfer Oberschüler. Unter den 365 Vorschlägen wurde zweimal Theophrastus Bombast von Hohenheim genannt. Eine Jury stimmte daraufhin mehrheitlich für den Schweizer Arzt aus dem 16. Jahrhundert und verwarf den ursprünglich geplanten Namen „Volksbad Reinickendorf“. Das Hallenbad war 2007 Drehort der Wasserball-Szenen für den Kinofilm „Die Welle“ mit Jürgen Vogel. Oberhalb des Schwimmbads geht es parallel zur S-Bahntrasse durch den **Kienhorstpark**. Im Park gibt es einen **Schwanenteich** voller Seerosen und entlang des Kienhorstgrabens gelangt man zur Spielstätte des BFC Alemannia 1890. Auch hier kickte einmal eine Berliner Berühmtheit. Denn bevor Hanne Sobek 1925 zu Hertha BSC wechselte und zweimal Deutscher Meister wurde, war der Halbstürmer ein Alemanne.

An der Oranienburger Straße, die westlich des Kienhorstparks in nördlicher Richtung liegt, ist man bereits in Dalldorf, pardon, richtig heißt es Wittenau. Die Geschichte der Namen ist verbunden mit der Heilstätte, deren Haupteingang sich unmittelbar hinter der S-Bahn-Brücke befindet. 1869 kaufte der Berliner Magistrat ein Grundstück im seit 1322 urkundlich bezeugten **Dalldorf**. Zehn Jahre später wurde südlich des Dorfangers die „Städtische Irren- und Idiotenanstalt Dalldorf“ eröffnet. Zum Ärger der Bewohner kursierten bald Dalldorf-Witze. Der Ortsname wurde zu einem Synonym für Schwachsinn. Die Gemeinde verfasste eine Petition an den Kaiser und Wilhelm II. genehmigte schließlich die vorgeschlagene Umbenennung. Seit dem 9. November 1905 heißt der Ort **Wittenau**, benannt nach dem ehemaligen Bürgermeister Peter Witte (1822–1902). Die Anstalt wurde 1925 zu den „Wittenauer Heilstätten“, seit 1967 **Karl-Bonhoeffer-Nervenklinik**, und ist heute als Humboldt-Klinikum Standort Oranienburger Straße Teil des Krankenhauskonzerns Vivantes. Vier Stolpersteine am Eingang, eine Gedenktafel und die Dauerausstellung „totgeschwiegen“ in Haus 10 erinnern mahnend an die Zeit des Nationalsozialismus. Tausende Patienten und Schutzbefohlene wurden zwischen 1934 und 1945 in den „Heilstätten“ bestialisch gequält und ermordet.

Folgt man der Oranienburger Straße zurück Richtung Süden, geht sie in die Ollenhauerstraße über, wo man aufgrund der Nähe zum Flughafen Tegel den Flugzeugverkehr über sich näher kommen spürt. An der Ecke Kienholzstraße liegt die imposante langgestreckte Fassade der 1280 gegründeten **Staatlichen Münze Berlin**, in der jedes Jahr viele Hundert Millionen Cent- und Euro-Münzen geprägt werden. Tatsächlich kommen ein Fünftel aller bundesdeutschen Geldstücke aus Reinickendorf. Bis 2002 waren es noch Mark und Pfennig, davor Taler und Gulden. Seit 1750 immer gleichgeblieben ist das Berliner Münzprägezeichen „A".

Am „Kutschi" outet sich der Ortsfremde. Wie? Ganz einfach, indem er alle paar Minuten zum Himmel schaut, während Einheimische gelassen ihren Milchkaffee trinken oder in die Tageszeitung blicken, wenn die Jets über den Platz donnern. Bei Ostwind starten und bei Westwind landen Flugzeuge direkt über dem **Kurt-Schumacher-Platz**. Die Kreuzung ist einer der größten Verkehrsknotenpunkte in Berlin. Der Platz hat sich im Laufe der Jahrzehnte stark verändert. Wer sich an die Stahlhochbrücke erinnern kann, die sich seit 1968 über den Platz spannte, der freut sich bis heute, dass sie knapp 20 Jahre später wieder abgerissen wurde. Auf dem riesigen Areal des **Flughafens Tegel**, der in der Nähe des Platzes liegt, hat sich viel verändert, seit sich TXL – so der internationale Code des Flughafens – ab 1975 nach Eröffnung des sechseckigen Haupttterminals zum wichtigsten Passagierflughafen Berlins entwickelte.

In der Staatlichen Münze Berlin wird ein Großteil der Cent- und Euromünzen geprägt.

Der nach Otto Lilienthal benannte Airport sollte um ein zweites sechseckiges Terminalgebäude erweitert werden; der Ausbau scheiterte jedoch kurz vor der Wiedervereinigung am politischen Veto der Grünen. Auch eine geplante U-Bahn-Anbindung Richtung Jungfernheide wurde nie realisiert. Was die Zukunft bringen mag? Man darf gespannt sein!

Der Flughafen Tegel prägt das Lebensgefühl der Reinickendorfer.

Fest steht: Laut war es in dieser Region von Reinickendorf schon immer. Vor zwei Jahrhunderten begann der Lärm auf einem Schießplatz des preußischen Militärs. Dazu wurde ein Teil der benachbarten **Jungfernheide** gerodet. Allerdings erhöhten sich im Laufe der Zeit die Reichweiten der Geschütze. Die Folge waren Granateneinschläge in der Nachbarschaft. Daraufhin wurden 1908 die Artillerieübungen eingestellt und es kamen die Luftschiffe. Bis zum Ende des Ersten Weltkriegs erprobte das 1. Preußische Luftschiffer-Bataillon in Tegel die neuesten Modelle. Am 29. August 1909 landete Graf Zeppelin mit seinem 136 Meter langen Luftschiff LZ 6 – ein Ereignis, das auf vielen Ansichtskarten verewigt wurde. Ab 1930 folgte ein kurzes, aber spektakuläres Kapitel der Luftfahrtgeschichte: Ingenieure um Wernher von Braun konstruierten bis 1934 auf dem ehemaligen Schießplatz Raketen mit Flüssigkeitsantrieb.

Sie schufen auf dem **Raketenflugplatz Tegel** die Grundlagen für den Bau der berüchtigten V2-Rakete und legten zugleich das technische Fundament für die bemannten Raumflüge zum Mond. Die sowjetische Berlin-Blockade 1948/49 führte schließlich in der Rekordzeit von 85 Tagen zum Bau des Flughafens. Die alliierte Luftbrücke, die zwei Millionen West-Berliner über elf Monate aus der Luft mit Lebensmitteln und Brennstoff versorgte, wurde nicht nur über Tempelhof und Gatow abgewickelt. Bereits im August 1948, wenige Wochen nach Beginn der Luftbrücke, war im französischen Sektor der Stadt Baubeginn. 19 000 Berlinerinnen und Berliner rückten an. Es hieß, fast der ganze Wedding arbeitete damals „am Flughafen", übrigens für 1,20 Mark Stundenlohn. 10 000 Fässer Asphalt für die damals längste Rollbahn Europas (2421 Meter) wurden eingeflogen. Am 29. Oktober 1948 landete die erste Douglas C-54 Skymaster in Tegel. In den folgenden Monaten sahen die Reinickendorfer bis zu acht Maschinen gleichzeitig am Himmel. Wie an einer Perlenschnur gezogen brachten die Rosinenbomber mit jedem Flug Hilfe und Hoffnung in die eingeschlossene Stadt.

200 Meter vom Kutschi liegt südöstlich des Flughafens am Kurt-Schumacher-Damm 41 der Eingang zur **Julius-Leber-Kaserne**, die ab August 1945 als **Quartier Napoléon** im französischen Sektor diente (der Stadtkommandant hatte seine Villa in Waidmannslust). Auf der Wiese vor der Kaserne, wo ein Gedenkstein an die hier bis 1994 stationierten Forces Françaises à Berlin erinnert, treffen sich die „Planespotter". Mit ihren Kameras machen sie Fotojagd auf die startenden und lan-

Erkennungsmerkmal des Kurt-Schumacher-Platzes: das Denkmal für den SPD-Politiker

denden Flugzeuge. Gegenüber der Kaserne widmet sich eine Freilichtausstellung der Geschichte der Alliierten in Berlin. Auf dem Weg zurück Richtung Kurt-Schumacher-Platz entdeckt man das wuchtige Kurt-Schumacher-Denkmal aus Beton und rotem Aluminium für den SPD-Vorsitzenden der frühen Bundesrepublik. In seiner Gestalt entspricht das Monument beinahe klischeehaft dem Baustil der Siebzigerjahre, dass man schmunzeln möchte. Zurück am Kurt-Schumacher-Platz, kreuzt diesen die **Scharnweberstraße**. Die muss man gesehen haben, schon allein wegen zwei heimlicher Wahrzeichen: die große kunterbunte Brillenschlange eines Optikers, die sich seit Jahrzehnten an einer Hauswand entlangschlängelt. Und schräg gegenüber liegt Ecke Schillingstraße „Daggi's Einflug", eine gemütliche Eckkneipe, die mit dem geistreichen Slogan wirbt: „Der freundliche Hort mit betreutem Trinken". Hört man jetzt lautes Tatütata, dann kommt womöglich in Kürze eine Wagenkolonne die Scharnweberstraße entlanggebraust, auf dem Weg zum **Regierungsflughafen** im nördlichen Teil des Flughafens Tegel. So biegt man lieber rechts ab und bestaunt die liebevoll gepflegten Vorgärten der General-Barby-Straße. In diesem Quartier dreht sich alles rund um **Auguste** – die Auguste-Viktoria-Allee, die direkt zum **Eichborndamm** führt, ist das Herzstück des Viertels. Nach dem Unterqueren

der S-Bahntrasse passiert man ein historisches Gelände, das sich über fast einen Kilometer lang auf der Westseite des Eichborndamms erstreckt. Ab 1906 entstanden hier auf 30 Hektar Fabrikhallen, in denen die „Deutschen Waffen- und Munitionsfabriken", kurz DWM, Kriegsgerät produzierten. Dies wurde nach dem Ersten Weltkrieg gemäß den Bestimmungen des Versailler Vertrags untersagt und das Unternehmen stellte auf Haushaltsgeräte, Bestecke und Kugellager um. Ab 1936 lief die Waffenproduktion unter den Nationalsozialisten bis Kriegsende wieder auf Hochtouren. Heute findet man in den denkmalgeschützten Gebäuden die unterschiedlichsten Mieter, vom Discounter bis zu wichtigen Forschungseinrichtungen, darunter das **Landesarchiv Berlin**. Bis Ende 2018 war dort die **Deutsche Dienststelle** mit seinen 18 Millionen Karteikarten ehemaliger Wehrmachtssoldaten untergebracht. 239 Mitarbeiter der „Wehrmachtsauskunftstelle für Kriegsverluste und Kriegsgefangene" (WASt) bearbeiteten Jahr für Jahr zehntausende Anfragen zur Kriegsvergangenheit von Familienangehörigen. Die Aufgaben der ehemaligen WASt wurden formal dem Bundesarchiv übertragen, werden jedoch in Berlin fortgeführt.

Auf dem Areal des heutigen Berliner Landesarchivs wurden früher Waffen und Munition hergestellt.

Der Architekt Rainer G. Rümmler (1926–2004) gestaltete nicht nur viele Berliner U-Bahnhöfe und die Raststätte Dreilinden, sondern 1978 auch das **Finanzamt**

Reinickendorf, das sich ein Stück weit nördlich, am Eichborndamm 208, befindet. Im achten Stock des Gebäudes ist das „Casino“, eine öffentliche Kantine mit bester Aussicht!

Hinter dem Nordgraben, einem zwischen 1927 und 1938 angelegten Entwässerungskanal, der die Panke mit dem Tegeler See verbindet, liegt am Eichborndamm das **Rathaus Reinickendorf** (seit 1994 mit U-Bahn-Anschluss) im Ortsteil Wittenau, das von einem modernen Quergebäude aus den Fünfzigerjahren prominent eingerahmt wird. Im **Ernst-Reuter-Saal** mit seiner herausragenden Akustik gepriesen moderierte Hans Rosenthal ab 1965 für die Rundfunkanstalt Rias „Das klingende Sonntagsrätsel“. Die Radiosendung war über Jahrzehnte Kult, auch jenseits der Mauer. Der 1911 errichtete Altbau, mit seinem 55 Meter hohen Turm, ist ein würdiger Ort für Standesamt und Ratskeller. Nur einen Steinwurf trennt das Rathaus-Ensemble vom mittelalterlichen **Dorfanger Wittenau** mit seiner **Feldsteinkirche**. Einige

Der Ernst-Reuter-Saal wurde 1957 erbaut und dient bis heute als Konzertsaal.

uralte Kreuze sieht man rund um die Kirche, die 1470 über das Fundament eines älteren Gotteshauses erbaut wurde. Doch noch einmal zurück zum alten Rathaus. An der Fassade, oberhalb eines Erkerfensters, entdeckt man eine Inschrift. Es sind zwei Verszeilen aus Schillers „Lied von der Glocke“ (1799) und sie können als Sinnbild des Bezirks und seiner ebenso fleißigen wie bodenständigen Bewohner gelten: „Arbeit ist der Bürger Zierde. Segen ist der Mühe Preis.“

Die Wohnsiedlung Freie Scholle wurde von Gustav Lilienthal entworfen.

Tegel und Borsigwalde

Am Rathaus Reinickendorf im Ortsteil Wittenau stehen Verse von Schiller, nun geht es mit Goethe nach **Tegel**. Der Dichter war in seinem langen Leben nur einmal kurz in Berlin. Stadt und Umgebung, vor allem aber seine Bewohner gefielen ihm gar nicht. Goethe hielt die Berliner für einen „verwegenen Menschenschlag“ und das war nicht als Kompliment gemeint. Doch ein Souvenir aus Reinickendorf nahm der 29-Jährige mit in seine Weimarer Dichterstube. Doch dazu später …

Tegel erreicht man seit 1893 zügig mit der Bahn, im Kaiserreich noch mit der Dampfeisenbahn, vom Stettiner Bahnhof, dem heutigen Nordbahnhof, aus in Richtung Kremmen. Heute hat man die Wahl zwischen der S-Bahn, die seit Dezember 1998 wieder an der Buddestraße hält (S-Bahnhof Tegel), und der 1958 bis zur Station Alt-Tegel verlängerten U-Bahn-Linie 6. Beide

Schienenstränge führen mitten hinein in das Reinickendorfer Shopping-Revier. Die **Gorkistraße** wurde 1978 zur Fußgängerzone und erfindet sich im 21. Jahrhundert als Flaniermeile neu. Nachdem sie etwas in die Jahre gekommen war, sollen nun Investitionen in Millionenhöhe frischen Glanz und alte Kunden zurückbringen. Auffallend ist ein Comeback der Warenhäuser, so wird Karstadt 2019 im neu gebauten Tegel-Center die erste neue Berlin-Filiale seit 30 Jahren in Tegel eröffnen. Die **Berliner Straße**, die man von der U-Bahn-Station Alt-Tegel aus Richtung Süden erreicht, ist selbst belebte Einkaufsmeile und seit 1983 Adresse des sehenswerten **Feuerwehrmuseums** (das nach einer Umbauphase im Juni 2019 barrierefrei wiedereröffnet wird). Die Berliner Straße verbindet die Gorkistraße mit den **Hallen am Borsigturm**. Das Shopping-Center eröffnete 1999 in fünf alten Werkhallenschiffen. Auf 50 000 Quadratmetern finden sich Geschäfte, Restaurants, Freizeit- und Sportflächen und Reinickendorfs einziges Kino-Center.

Doch Tegel ist viel mehr als Einkaufstrubel: größter Ortsteil des Bezirks, gute Wohnlage, lebendiges Industriedenkmal und seit 150 Jahren Ausflugsziel der Berliner. Denn Tegel ist nah am Wasser gebaut und von Wald umgeben. Zunächst geht es vom U-Bahnhof Alt-Tegel Richtung Norden zur Karolinenstraße. Folgt man an der Kreuzung nördlich des Nordgrabens rechter Hand dem Waidmannsluster Damm, erreicht man Ecke Schollenhof die **Freie Scholle**, eine berühmte Wohnsiedlung, die 1895 von dem Architekten Gustav Lilienthal, dem Bruder des Flugpioniers, begründet wurde. Geht man von der Straßenkreuzung Karolinenstraße / Ecke Waidmannsluster Damm nach links, erreicht man die Straße An der alten Mühle. Der Straßenname erinnert an die bereits 1361 erwähnte **Humboldtmühle**, die ihren Betrieb 1988 einstellte. Zuletzt konnte die auf Fabrikgröße erweiterte Anlage 350 Tonnen Getreide pro Tag vermahlen, war aber nicht mehr rentabel. Seit 2009 befindet sich in den zum Teil denkmalgeschützten Gebäuden der „Medical Park Berlin Humboldtmühle“.

Doch auf Goethes Spuren sollte ja der Weg führen. „Von Berlin um 10 über Schönhausen auf Tegeln“, notierte der Dichter zum 20. Mai 1778 in sein Tagebuch. Über die Karolinenstraße, vorbei am Mühlenteich, kehrte Goethe an diesem Tag im **„Alten Fritz“** ein. Das Wirtshaus hieß zu Goethes Zeiten „Neuer Krug“ und diente auch als Pferdewechselstation auf der Landstraße nach Hamburg. Heute wirbt es mit dem Slogan: „Der Alte Fritz hat seit dem Jahr 1410 für Sie geöffnet.“

Im *Alten Fritz* machte im Jahr 1778 schon Goethe Rast.

Goethe speiste Spiegeleier.

Vom Gasthaus führt der Schwarze Weg zur **Villa Borsig** auf der Halbinsel Reiherwerder, seit 2005 Gästehaus des Auswärtigen Amtes. Grundstück und Gebäude haben eine spannende Geschichte. Goethe sah im Tegeler See noch zwei kleine Inseln, Großer und Kleiner Reiherwerder genannt. Sie gehörten der Familie von Humboldt, deren Nachfahren sie 1898 den Borsigs verkauften. Die Unternehmerfamilie ließ ab 1903 das sumpfige Gelände trockenlegen, aus den Eilanden entstand durch Aufschüttung die Halbinsel Reiherwerder. Zunächst wurde 1908 auf dem 13 Hektar großen Wassergrundstück ein Landhaus errichtet. Es war Ernst von Borsig jedoch nicht repräsentativ genug, sodass er 1913 eine Villa baute. Auf die Ähnlichkeit mit Schloss Sanssouci legte der Industrielle größten Wert. Nach Borsigs Tod 1933 verkaufte die Familie das Anwesen an das Deutsche Reich. So wurde die Villa in der Folge Reichsfinanzakademie, Gästehaus der Stadt Berlin und war sogar von Helmut Kohl als Residenz des Bundeskanzlers vorgesehen.

Die Villa Borsig liegt auf der Halbinsel Reiherwerder.

Am Ufer entlang der **Großen Malche**, von wo aus man den besten Blick auf die Borsig-Villa hat, geht es in großem Bogen zurück nach Tegel. Die nördlichste Bucht des Tegeler Sees ist traditionelles Wassersportrevier. Der Tegeler Segel-Club von 1901 (TSC) ist der älteste Segel-Club im Berliner Norden und Ausrichter der Oster-Regatta „Preis der Malche". Noch älter ist der 1886 gegründete Ruder-Club Tegel (RCT), mit einem Olympiasieg, sechs Weltmeistertiteln und über 100 Deutschen Meisterschaften einer der erfolgreichsten Rudervereine Deutschlands.

Am Uferweg begegnet man Berlins ältestem Baum. Als Goethe im Schatten der **Dicken Marie** verweilte, war die knorrige Stieleiche (Quercus robur) bereits uralt. Heute schätzt man ihr Alter auf rund 800 Jahre, bei über sechseinhalb Metern Stammumfang. Ihren Namen er-

hielt das über 20 Meter hohe Naturdenkmal von Alexander und Wilhelm von Humboldt, die als Knaben im nahen Schloss lebten. Die Köchin der Familie war rundlich wie die alte Eiche und hieß: Marie. Ursprünglich erstreckte sich das **Gut Tegel** bis zum See. Mitte des 16. Jahrhunderts entstand in einem Park zunächst ein Renaissance-Herrenhaus. Es wurde ein Jahrhundert später vom Großen Kurfürsten zum Jagdschloss umgebaut. Das sah noch Goethe bei seinem Besuch 1778, empfangen von Alexander Georg von Humboldt. Der königliche Kammerherr war seit 1766 Gutsherr von Tegel und Vater der berühmten Gelehrten-Brüder. Das heutige **Schloss Tegel** ließ Wilhelm von Humboldt 1820 bis 1824 nach Plänen von Karl Friedrich Schinkel errichten. Nahezu unverändert erhalten geblieben sind das Atrium, der Blaue Salon, der Antikensaal und das Turmkabinett sowie das Arbeitszimmer des Hausherrn. Das bedeutendste Baudenkmal von Reinickendorf wurde seit 1949 nicht weniger als dreimal auf Briefmarken verewigt. Es gehört noch immer den Nachfahren der Humboldts, Schloss und Park sind nur im Rahmen von Führungen zugänglich. Im Park liegt das Familiengrab. Hier ruhen auch die Brüder Humboldt, Wilhelm starb 1835, Alexander 1859.

Am Tegeler Hafen entstanden seit den 1980er-Jahren viele Neubauten direkt am Wasser.

Am **Tegeler Hafen**, den man von der Karolinenstraße aus über die Straße Am Tegeler Hafen erreicht und wo das Fließ in den See mündet, entstand zur Internationalen Bauausstellung 1987 ein Neubaugebiet im Stil postmoderner Nostalgie. Von einem geplanten Kulturzentrum wurde nur die 1989 eröffnete **Humboldt-Bibliothek** in der Karolinenstraße verwirklicht. Vor ihr stehen die **Humboldts in Bronze** gegossen, eine Skulptur des Bildhauers Detlef Kraft, die zunächst am Flachwasserbecken stand, an dem Schwäne und Enten nach Brotkrumen der Passanten schnappen. Entlang des ehemaligen Industriehafenbeckens sieht man eine geschlossene moderne Bebauung. Zuletzt kamen die Stadtvillen auf der Humboldtinsel dazu. Am Seeufer überquert man seit 1908 die knallrote **Tegeler Hafenbrücke**. Doch so nennt kein Mensch die 91 Meter lange stählerne Fachwerkkonstruktion, die entfernt an Londons Tower Bridge erinnert. Sie heißt seit jeher im Volksmund **Sechserbrücke**: Wie an anderen Berliner Fußgängerbrücken musste man hier früher einen halben Groschen Brückenzoll berappen. Also fünf Pfennig, im Volksmund einen „Sechser". Die Brücke führt zur **Greenwichpromenade**, mit Ausflugsgaststätten, Spielplatz, Minigolf-Anlage und Bootsverleih. Der Londoner Stadtteil Greenwich, durch den der Nullmeridian verläuft, ist ein Partnerbezirk von Reinickendorf und seit 1966 Namensgeber der alten Uferstraße. An der schattigen Baumallee liegt eine der größten Dampferanlegestellen der Hauptstadt mit dem **Kreuzfahrtterminal**. Mit etwas Glück entdeckt man auf dem Wasser Berlins berühmtestes Fahrgastschiff, die „Moby Dick". Das hier stattfindende **Tegeler Hafenfest** erfreut seit 2009 seine Besucher. Die beiden

Die Greenwichpromenade am Tegeler See

Kanonenrohre am Südende der Promenade sind ein Geschenk der Briten. Sie wurden im 18. Jahrhundert gegossen und in Schottland zur Küstenverteidigung eingesetzt. Die Rohre wiegen zwei bzw. zweieinhalb Tonnen und verschossen 24 Pfund schwere Eisenkugeln bis zu zwei Kilometer weit. 2016 kehrten die Geschütze nach einer Restaurierung an ihren angestammten Platz zurück.

Von der Promenade ist es nur ein Katzensprung zu zwei bemerkenswerten Kirchen. Die **Herz-Jesu-Kirche** am Brunowplatz, die man vom Hafen aus über den Medebacher Weg erreicht, erlöste die katholische Gemeinde seinerzeit von einem Dilemma. Sie musste um das Jahr 1900 ihre Gottesdienste im Tanzsaal des Dorfkrugs feiern. Daraufhin gründete sich ein Kirchbauverein und sammelte mit Hinweis auf „die Heilige Messe am Biertisch“ Spendengelder. So erfolgreich, dass 1904 ein Grundstück erworben werden konnte. Noch im selben Jahr legte man den Grundstein für eine Pfarrkirche. Die Festansprache hielt der Kaplan Bernhard Lichtenberg, den Papst Johannes Paul II. 1996 bei einer Messe im Olympiastadion seligsprach. Die herrlichen Kirchenfens-

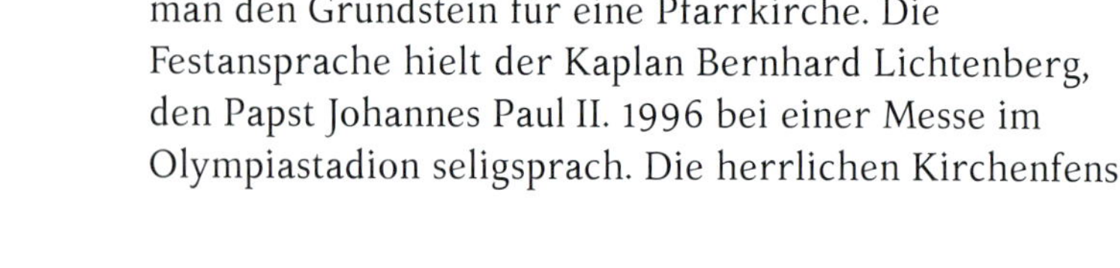

ter schuf 1958 Ludwig Peter Kowalski. Die evangelische **Dorfkirche Alt-Tegel** wurde 1912 geweiht, doch sind drei Vorgängerbauten nachweisbar. Den Anfang machte sicher eine Holzkirche in dem um 1240 gegründeten Ort, an dessen Stelle es vermutlich noch früher ein slawisches Fischerdorf gab. Tegel wurde 1322 erstmals in einer Urkunde als „Tygel" erwähnt, wohl abgeleitet vom niederdeutschen Wort für Ziegel. Das Caféhaus Alt-Tegel 18 ist das letzte erhaltene **Büdnerhaus**, 1839 nach einem großen Brand in Tegel errichtet. Büdner waren einfache Bauern ohne Landbesitz, ihnen gehörte nur eine „Bude". Im Gegensatz zur sagenhaft reichen Familie Borsig, deren „Bude" die Villa auf Reiherwerder am Tegeler See war. 1837 gründete August Borsig, wie alle echten Berliner in Breslau geboren, eine Eisengießerei und Maschinenbauanstalt an der Chausseestraße in Mitte. Aus „Feuerland" vor dem Oranienburger Tor kamen zunächst Dampfmaschinen, 1841 die erste Lokomotive. Bald darauf expandierte das Unternehmen nach Moabit. Doch mit nur 50 Jahren starb der Firmengründer 1854 und Sohn Albert übernahm den Betrieb. Erst mit Alberts Söhnen

Die evangelische Dorfkirche Alt-Tegel wurde 1912 erbaut.

Das denkmalgeschützte Borsigtor öffnet den Weg zum ehemaligen Betriebsgelände der Borsigwerke.

begann 1896 die Ära Borsig in Reinickendorf. Von der Berliner Straße aus erreicht man das Werk in südliche Richtung laufend und biegt in die Straße Am Borsigturm ein. Mehr als 5000 Arbeiter und Angestellte waren auf dem 14 Hektar großen Gelände beschäftigt, bis 1912 wurden 8400 Lokomotiven gebaut. Sogar der „Baedeker“ empfahl die Besichtigung der Maschinenfabrik. Laut Reiseführer waren jedoch „meist nur Herren zugelassen“. Erkennungszeichen für Borsig in Tegel wurde das 1898 fertiggestellte **Borsigtor**. Mit runden Backsteintürmen und ziegelgedeckten Helmen gleicht es alten märkischen Stadttoren. Das Werktor wurde zu einem Wahrzeichen des Bezirks und steht unter Denkmalschutz. Ebenso wie der 65 Meter hohe **Borsigturm,** 1922 auf dem Firmengelände im Stil des Backstein-Expressionismus errichtet. Architekt war Eugen Schmohl (1880–1926), der wenig später auch das Ullsteinhaus in Tempelhof entwarf. Der Turm war kein hohler Zahn, sondern für die Verwaltung bestimmt und tatsächlich das erste Hochhaus

Berlins. In den 12 Stockwerken befinden sich bis heute Büros mit atemberaubender Aussicht.

Folgt man der Berliner Straße weiter Richtung Süden, steht man dort, wo Alfred Döblins Roman „Berlin Alexanderplatz“ (1930) und seine Geschichte vom Franz Biberkopf beginnt: „Er stand vor dem Tor des Tegeler Gefängnisses und war frei.“ Die **JVA Tegel** wurde 1898 als „Königliches Strafgefängnis Tegel“ eröffnet, besser gesagt ihrem Zweck übergeben. Berühmte Insassen waren Wilhelm Voigt, der 1906 nach seinem Auftritt als Hauptmann von Köpenick hier zwei Jahre brummte. Carl von Ossietzky musste 1932 nach der Verurteilung im „Weltbühnen-Prozess“ für 227 Tage nach Tegel. Während des Naziregimes waren u. a. die Widerstandskämpfer Dietrich Bonhoeffer, Alfred Delp und Helmuth James Graf von Moltke inhaftiert; Harald Poelchau, selbst Mitglied der Widerstandsgruppe Kreisauer Kreis, wirkte als Gefängnispfarrer. Heute sitzen rund 800 Häftlinge in Tegel ihre Strafen ab, bewacht von 670 JVA-Bediensteten. Wer den 13 Wachtürmen lieber nicht zu nahe kommen möchte, der biegt vor der Seidelstraße in die Holzhauser Straße Richtung Borsigwalde ab. Hinter der Autobahnunterführung liegt der **Russische Kirchhof**. Der in Berlin

Im Borsigturm war die Verwaltung der Borsigwerke untergebracht.

einzigartige Friedhof mit den weißen Andreaskreuzen wurde 1892 für die Gemeinde der Russisch-Orthodoxen Kirche angelegt. Der damalige Probst Alexios Petrowitsch Maltzew hatte dazu zwei Hektar Land von einem Bauern erworben. Zar Alexander III. schickte vier Eisenbahnzüge von St. Petersburg nach Reinickendorf, mit 4000 Tonnen Erde aus 50 Regionen Russlands. Das reichte, um das ganze Areal fünf Zentimeter dick zu bedecken. So ruhen viele Emigranten, die nach dem Ende des Zarenreichs 1917 nach Berlin kamen, in russischer Erde. Bis heute finden jedes Jahr rund 20 Begräbnisse nach orthodoxer Liturgie statt. Inmitten des Kirchhofs steht die 1894 geweihte **St.-Konstantin-und-Helena-Kirche**. Wie in orthodoxen Kirchen üblich, fehlen Kirchenbänke und Orgel, dafür schmücken kostbare Ikonen die Wände. Auf dem Dach thronen fünf Zwiebeltürmchen als Symbole des Lichts; sie sind (wie der Zaun des Kirchhofs) zu Ehren der Gottesmutter in blauer Farbe angestrichen.

Die St.-Konstantin-und-Helena-Kirche auf dem Russischen Kirchhof an der Wittestraße

Wer die Holzhauser Straße noch etwas weitergeht, erreicht an der **Räuschstraße** Teile einer Werksiedlung, die Borsig ab 1899 plante. Keine Mietskasernen mit Hinterhöfen, wie in Berlins Innenstadt üblich, dafür Backstein und Klinker, Fachwerkgiebel und Mietergärten. Das war der Plan, doch Borsig stellte das Projekt bereits 1902 wieder ein. In 80 neuen Häusern gab es bis dahin keine

Wasserleitung, weder Kanalisation noch eine geregelte Müllabfuhr. Das Unternehmen war vom Wohnungsbau schlicht überfordert. Bestens erhalten blieb der Straßenzug bis zur Ernststraße. Um den Namen **Borsigwalde** mussten die Bewohner lange kämpfen. Sie waren zunächst Dalldorfer, dann über ein Jahrhundert Wittenauer. Erst 2012 wurde die Ortslage Borsigwalde durch Beschluss der Bezirksverordnetenversammlung zum elften Ortsteil von Reinickendorf erklärt. Das Wappen zeigt das Rad einer Lokomotive und einen Baum. Nomen est omen!

Am Ende des Spaziergangs eine wichtige Beichte: **Tegeler See** und **Tegeler Forst** wurden nur am Rande erwähnt. Natürlich zu Unrecht, denn sie sind eigene Ausflüge wert und Balsam für die Seele. Was nahm nun Goethe, der gen Süden bis Sizilien reiste, aber in seinem Leben nie nördlicher als Tegel kam, aus Reinickendorf mit? Es waren **Spukgeschichten**, die man sich hier erzählte. Uralte Stories von Wassergeistern im Tegeler See und unheimlichen Begebenheiten an Mühlen und Waldlichtungen. 1797 drang wieder so eine Schauererzählung zu Goethe nach Weimar und er mag sich an seine Reise nach Berlin erinnert haben. Ein Poltergeist trieb in Tegels Försterei bei mondheller Nacht sein Unwesen. Dieses Allotria war seinerzeit Berliner Stadtgespräch und beschäftigte sogar die „Naturforschende Gesellschaft". Als Goethe 1808 den ersten Teil des „Faust" veröffentlichte, konnte man auf Seite 275 der Erstausgabe lesen: „Das Teufelspack, es fragt nach keiner Regel. / Wir sind so klug, und dennoch spukt's in Tegel." Der ironische Ton dieser Verse der Walpurgisnachtszene war natürlich kein Zufall. Goethe hatte den Spuk sofort durchschaut. Er wurde von einem Jägerburschen gemeinsam mit der Förstertochter inszeniert, um deren abergläubischen Mutter die Einwilligung zur Heirat abzutrotzen. Der amouröse Betrug flog auf, doch er verewigte Tegel in der Weltliteratur.

Heiligensee und Konradshöhe

Die Borsig-Siedlung entstand in den 1930er-Jahren.

„Havelabwärts aus Oranienburg, schon in Nähe Spandaus" – so fand Theodor Fontane in seinen „Wanderungen durch die Mark Brandenburg" das Landgut Tegel. Ausführlich beschrieb er 1873 das Humboldtschlösschen, doch übersah Fontane an der Havel offenbar Heiligensee. Oder wollte er diesen Geheimtipp für sich behalten? Gut möglich!

Die Havel entspringt in der Mecklenburgischen Seenplatte, fließt kurvenreich durchs Havelland und erreicht Berlins Stadtgrenze am äußersten Nordwesten. Ab 1897 hielten am **Bahnhof Heiligensee** Personenzüge, seit 1927 elektrisiert im Vorortverkehr. Doch wer historische Berliner Stadtpläne studiert, sucht den Ort oft vergeblich. Zwar wurde Heiligensee, wie alle Reinickendorfer Ortsteile, 1920 nach Berlin eingemeindet, doch lag es für viele Kartografen offenbar „zu weit draußen". Dabei muss sich Heiligensee wirklich nicht verstecken. Wo sonst gibt es beispielsweise am Bahnhof einen „Späti" in der Fachwerk-Remise? Folgt man vom S-Bahnhof Heiligensee, dem Start unseres Spaziergangs, der Ruppiner Chaussee Richtung Süden, liegt linker Hand die **Borsig-Siedlung**, die vom Kiefheider Weg und Sonnenwalder Weg begrenzt wird. Sie wurde in den 1930er-Jahren angelegt und steht heute teilweise unter Denkmalschutz. Ende der Siebzigerjahre wäre sie beinahe abgerissen worden. Man plante eine Hochhausbebauung à la Märkisches Viertel. Die engagierte Siedlergemeinschaft konnte das glücklicherweise verhindern. So entdeckt man bis heute ein **Denkmal für August Borsig** auf dem nach ihm benannten Borsig-Platz, der als Markt von „Neu-Heiligensee" konzipiert wurde, wie die Werksiedlung ursprünglich hieß. Drumherum findet man die typischen Doppelhäuser mit hellem Putz, eingefriedet von Staketenzäunen. Beides gehört zum Ensemblekonzept, dessen Bestand seit 2002 eine Erhaltungsverordnung garantiert.

Das Haus der Dada-Künstlerin Hannah Höch kann zum Teil besichtigt werden.

Folgt man der Ruppiner Chaussee zurück Richtung S-Bahnof, biegt man links in die Hennigsdorfer Straße. Keine Garantie gab es dort für die 195 Mitarbeiter von „TetraPak". 2013 schloss der Verpackungshersteller überraschend seinen Standort an der Hennigsdorfer Straße 159. Gleich nebenan füllt die Firma „Underberg" seit vier Jahrzehnten noch heute Magenbitter in kleine Fläschchen ab, plant jedoch auch die Schließung der Abfüllanlage. So sollen auf dem 80 000-Quadratmeter-Gelände bald bis zu 600 neue Wohnungen entstehen. Bis dahin lohnt der Weg die Hennigsdorfer Straße hinunter und die Heiligenseestraße entlang zum berühmtesten Wohnhaus in Heiligensee. Unterwegs sieht man am **Nordfeld** noch echte Landwirtschaft – Kühe, Pferde und Heuballen. Auf dem Stoppelfeld feiert Heiligensee seine Sommerfeste. Wer von der Straße Am Dachsbau schließlich **An der Wildbahn** einbiegt und bis zur Nummer 33 spaziert, besucht das Domizil einer Dadaistin. **Hannah Höch** lebte seit 1939 in dem Haus mit Garten. Sie wurde durch Collagen und Fotomontagen berühmt und war 1919 Mitbegründerin der Dada-Bewegung in Berlin. „Ich möchte die festen Grenzen verwischen", sagte sie über ihre Kunst. Hannah Höch starb 1978 im Alter von 88 Jahren in Heiligensee. Seit

2005 gehören Haus und Garten dem Maler und Grafiker Johannes Bauersachs, der bereits 1987 als Mieter einzog und das Vermächtnis der Künstlerin bewahrt. Ein kleiner Gedenk- und Erinnerungsort für Hannah Höch kann besichtigt werden.

Fast vergessen ist, dass die Künstlerin im früheren Wärterhaus eines Flugplatzes wohnte. Er existierte wenige Jahre zwischen Wildbahn und Erpelgrund. Am 19. Juli 1911 wurde das **Flugfeld Berlin-Schulzendorf** mit einer aeronautischen Vorführung eingeweiht. Das rund einen Quadratkilometer große Areal wurde bis 1914 vom Berliner Flugsportverein genutzt und war in der zeitgenössischen „Schematischen Übersichtskarte für Luftfahrer" verzeichnet. Ein Lehrbuch für Flugschüler notierte den Hinweis: „Flugbahn 300 x 450 Meter. Fester Sand, kurze Grasnarbe, teilweise Abgrenzung des Platzes durch Drahtzaun". Höhepunkt der Flugaktivitäten war das Jahr 1912. Heiligensee fungierte am 31. August und 1. September als Wendemarke beim Wettflug „Rund um Berlin", mit Start und Ziel in Johannisthal. Nach kurzer militärischer Nutzung wurden nach dem Ersten Weltkrieg zwei Fliegerschuppen abgerissen und der Flugplatz 1919 geschlossen. Dorfchronist Frank-Max Polzin bemerkte dazu kürzlich humorvoll: „An eine Wiederbelebung ist zurzeit nicht gedacht." In Reinickendorf hat also nicht nur Tegel, sondern auch Heiligensee Luftfahrtgeschichte geschrieben.

Der Havelübergang bei Heiligensee

Folgt man der Hennigsdorfer Straße am Havelufer in Richtung Süden und biegt rechts in die Straße Alt-Heiligensee ein, gelangt man zur Keimzelle des Ortes. Das ursprüngliche Dorf lag auf der **Halbinsel** zwischen Havel und dem Heiligensee. 4000 Jahre zurück reichen die Spuren der Siedlung. Das Märkische Museum in Mitte bewahrt Walzenbeile, Urnen, Steinmesser und Lanzenspitzen aus der Bronzezeit, die in Heiligensee und Umgebung gefunden wurden. Im 5. Jahrhundert v. Chr. siedelten sich germanische Semnonen an, 1000 Jahre später kamen slawische Wenden. Um 1230 errichteten deutsche Siedler im Zuge der Ostkolonisation ein Angerdorf. In „Hyelegense", so 1308 erstmals urkundlich erwähnt, gab es bereits um 1250 Kirche, Krug und eine **Fährverbindung** über den Fluss. Wer im Mittelalter von Berlin nach Hamburg reiste, der nutzte den **Havelübergang** in Heiligensee. Seit 1383 setzte die Wagenfähre auch die Wallfahrer auf ihrem Weg nach Wilsnack über, bis zur Reformation eines der wichtigsten Pilgerziele Nordeuropas. 1506 wurde in Hennigsdorf eine Brücke über den Nieder Neuendorfer See geschlagen und die Fährverbindung verlor an Bedeutung. Denn fortan führte die Straße nach Hamburg an der Halbinsel vorbei. Wer heute am Ende der Fährstraße, die von der Straße Alt-Heiligensee rechts abbiegt, am Wasser steht, blickt hinüber zu einem ehemaligen DDR-Grenzturm. Am anderen Ufer des Sees stand in Nieder Neuendorf von 1961 bis 1989 die Mauer mit Todesstreifen. Die Flussmitte trennte West-Berlin und die DDR

Den Dorfkern von Heiligensee prägt der Platz um die alte Dorfschmiede.

voneinander. Heute ist sie als Landesgrenze zwischen Berlin und Brandenburg zum Glück nur noch ein symbolischer Strich auf der Landkarte.

Die Form der außergewöhnlich breiten **Dorfaue** an der Straße Alt-Heiligensee hat sich seit dem Mittelalter nicht verändert, ihre Bebauung umso mehr. Die **Dorfkirche** geht auf einen hölzernen Vorgängerbau zurück, der bereits 1308 erwähnt wurde. Ihre barocke Gestaltung erhielt die Kirche im 18. Jahrhundert, der Kirchturm wurde 1713 fertiggestellt. 1720 begann die Arbeit in der **Dorfschmiede**, 295 Jahre später bekam sie eine eigene Facebook-Seite. Vor der Schmiede erinnert in Alt-Heiligensee seit 2008 ein **Gedenkstein** an die 700-Jahrfeier. Im 1958 stillgelegten **Straßenbahndepot**, 1913 nach Plänen des Architekten Peter Behrens errichtet, ist ein Restaurant eingezogen.

Das stillgelegte ehemalige Straßenbahndepot beherbergt heute ein Restaurant.

Der **Heiligensee**, der dem Ort seinen Namen gab, ist der größte See Reinickendorfs. Privatbesitz schützt das Gewässer mit seinen 14 Fischarten und die 2,7 Kilometer Uferbereich vor unsachgemäßer Nutzung und sinnloser Bebauung. Wem gehört der See? Den Voormanns, der Familie des fünften Beatle! Klaus Voormann, 1938 geboren und aufgewachsen in Frohnau, schloss 1960 in Hamburg mit den Beatles Freundschaft, schuf u. a. ihr Album-Cover

„Revolver“ (1966) und schrieb als Grafiker und Musiker stilprägend Musikgeschichte. Dem Autor verriet er 2018: „Meinem Opa gehörte ein großer Teil von Heiligensee, vom S-Bahnhof bis zum See. Er war Bankier, verdiente sein Vermögen mit Bergwerks-Beteiligungen und Kali-Aktien. Als er 1918 starb, rieten Berater meiner Oma, die Grundstücke zu verkaufen. Aber alles Geld war durch die Inflation nichts mehr wert. Von den Grundstücken blieb nur der Heiligensee übrig.“ Doch der Reihe nach. Ein früherer Besitzer des Heiligensees war Braumeister, der im Winter Natureis erntete. 1910 kaufte Wilhelm Laupenmühlen, Voormanns Großvater, das Gewässer, seither ist es in Familienbesitz. Heute lebt Klaus Voormann am Sternberger See in Bayern. Seine Verwandten kümmern sich in Erbengemeinschaft um den Heiligensee. Kürzlich spendierten sie neue Holzbohlen für die **Aussichtsplattform** an der Sandhauser Straße. Unweit davon liegt in der Sandhauser Straße 132 der Eingang zum **Seebad** mit Zuckersand und Sprungturm.

Der Heiligensee und sein Ufer befinden sich in Privatbesitz.

206 Lauben-Parzellen bilden seit 1926 die „Kolonie am See“ am Elchdamm, die östlich am Heiligensee liegt. Ursprünglich sollte auf dem Gelände unweit der 1908 errichteten **Heiligenseer Brücke** ein Wasserwerk für ein neues Wohngebiet entstehen. Aber das Projekt wurde nie verwirklicht. Verschwunden ist auch das **Wasserheiligtum**. Es wurde in heidnischen Zeiten zu Ehren der Nerthus errichtet, einer seltsamen germanischen

Gottheit, über die schon der römische Historiker Tacitus in seiner „Germania“ schrieb. Am Heiligensee, heißt es, mögen Priester der Semnonen wundersame Zeremonien vollzogen haben. Bis in christliche Zeit schrieb man dem Wasser des Sees Heilkräfte zu. Heute ist nicht einmal mehr der genaue Standort des Heiligtums überliefert, das zwischen Dorfschmiede und Kirche gelegen haben soll. Geblieben sind sagenhafte Geschichten. Man liest von versunkenen Glocken und Schlössern im Heiligensee, von schwarzen Schwänen, gewaltigen Stürmen und bösen Zauberern. Es spukte also nicht nur in Tegel.

Am Elchdamm liegt auch der **Friedhof Heiligensee**, mit dem Ehrengrab von Hannah Höch, das ein schlichter Findling ziert. Dahinter ragen die **Baumberge** bis zu 20 Meter hoch. Die südlichsten Binnendünen Deutschlands entstanden nach der Eiszeit und wurden von den französischen Alliierten als Manövergebiet genutzt. Früher gab es hier illegale Motocross-Rennen, inzwischen ist am „Bumberg“ Ruhe und Erholung eingekehrt, Hunde sind an der Leine zu führen. Die Sandhauser Straße verweist auf die 1850 angelegte Siedlung **Sandhausen**. Der Name der „Wassersportgemeinschaft Altes Gaswerk“ erinnert an eine Gasanstalt, die es hier von 1909 bis 1923 gab. Ein kleines Stück weiter lädt der **Tivoli** zum Baden ein. An der beliebten Badestelle Sandhausen beginnt Reinickendorfs kleinster Ortsteil. In Konradshöhe dreht sich alles um den waldartigen **Falkenplatz** im Zentrum der im 19. Jahrhundert entstandenen Kolonie. Alles begann 1865,

Dünen mitten in der Stadt: Die Baumberge sind eine Binnendünenlandschaft und können über die Sandhauser Straße erreicht werden.

als der Berliner Theodor Rohmann einem Bauern für 1000 Taler 20 Morgen Land abkaufte, um am Havelufer eine **Kupferschmiede** anzulegen, übrigens ohne Baugenehmigung. Wenig später erwarb er weitere 24 Morgen, ließ das Land parzellieren und verkaufte die Grundstücke an interessierte Berliner. Am 20. Oktober 1868 erhielt er vom königlichen Regierungspräsidenten in Potsdam die Erlaubnis, den neuen Ort „Conradshöhe" zu nennen. So hieß der Sohn des unternehmerischen Kupferschmieds. Sein „Dampfwerk für eiserne Verschraubungen und Apparatringe" florierte nicht, dafür ringsum die Ausflugslokale. Auch in Tegelort und Joersfelde hatten Berliner Unternehmer inzwischen Land erworben, parzelliert und Kolonien gegründet. So machte Rohmann aus der Not eine Tugend und ließ Schmiede, Stall und Kesselhaus 1891 zur Restauration umbauen. Die **Konradshöher Terrassen** am Steinadlerpfad 15 – zu erreichen, indem man am Falkenplatz rechts in die Falkenhorstraße einbiegt – waren jahrzehntelang ein beliebtes Ausflugsziel. 1979 musste das älteste Gebäude der Siedlung, zwischenzeitlich zur „Feen-Grotte" im Stil einer Tropfsteinhöhle umgebaut, dem Wohnungsbau weichen. Konradshöhe als Ort der Sommerfrische profitierte seit 1913 von einer Straßenbahnanbindung nach Tegel. Die Linie 28 brachte bis 1958 Ausflügler im Nu an die Havel und zu den Lokalen am Ufer. Konradshöhe und Tegelort wurden beliebtes Wochenendziel der Berliner, Familien konnten Kaffee kochen und fühlten sich bei der Tortenschlacht wie im

Der Falkenplatz liegt im Zentrum von Konradshöhe.

Luftkurort. Orientierung bieten seit 1921 die **Vogelstraßennamen**. Apropos, in der Habichtstraße 8 (östlich vom Falkenplatz) gab es früher eine Greifvogel-Farm. Die „Villa Elfriede" gehörte **Billy Jenkins**. Er hieß eigentlich Erich Rosenthal, stammte aus einer Artistenfamilie und lernte während eines längeren USA-Aufenthalts Reiten, Schießen und Lassowerfen. Unter dem Künstlernamen Billy Jenkins sorgte er ab 1909 auf Berliner Bühnen als Kunstschütze und Greifvogeldompteur für Furore. Sogar in zwei Hollywood-Filmen war Jenkins an der Seite von Tom Mix, einem frühen Kinostar des Westerngenres, zu sehen. Das Grundstück in Konradshöhe, wo Jenkins Eulen, Falken, Bussarde, See- und Kaiseradler dressierte, hatte er von seinen Eltern geerbt. Im Haus sammelte er Andenken aus dem Wilden Westen, man sah ihn im Kiez mit perlenbestickter Fransenjacke und Cowboyhut. Einige Nachbarn störten sich an lautstarken Schießübungen. Für Fotografen posierte Jenkins gern mit „Goliath" auf dem Arm. Der Steinadler flog und landete auf Kommando, ein Pfiff seines Meisterdresseurs genügte. Jenkins, dessen Vater Jude war, hatte sich in der Zeit des Nationalsozialismus mit dem Regime arrangiert, den Geburtsnamen seiner Mutter angenommen (sie hieß Fischer) und war 1933 in die NSDAP eingetreten. Nach dem Krieg ging er noch einmal auf Wild-West-Tournee und starb 1954 mit 68 Jahren in seinem Wohnwagen in Köln. Über seinen Tod hinaus erschien bis 1963 eine nach dem „König der Cowboys" benannte und sehr erfolgreiche Romanheftreihe.

Von Konradshöhe führt von der Habichtstraße aus ein kurzer Waldweg zum Tegeler See. Vom Ufer aus blickt man hinüber auf die Insel **Scharfenberg**. Die dort 1922 von dem Reformpädagogen Wilhelm Blume (1884–1970) gegründete Schulfarm ist ein staatliches Ganztagsgymnasium mit angeschlossenem Internat. Eine Gedenktafel erinnert an die ehemaligen Schüler Hans Coppi und Hanno Günther, die 1942 als Widerstandkämpfer in Plötzensee hingerichtet wurden. Die Insel kennen Berliner Schüler durch den Schwimmwettbewerb „Rund um Scharfenberg" und Fernsehzuschauer durch eine Erfolgsserie. „Unser Lehrer Doktor Specht" wurde 1991 bis 1999 auf der Schulinsel gedreht. Das **Strandbad Tegeler See**, für das 1933 ein Sandstrand angeschüttet wurde, liegt leider im Dornröschenschlaf. Teure Sanierungsmaßnahmen wären nötig, um es in altem Glanz wiederzueröffnen.

Der reetgedeckte Bootsschuppen am Tegeler See dient der Feuerwehr von Tegelort als Parkhaus ihrer Löschboote.

Zurück Richtung Falkenplatz und die Eichelhäherstraße entlang Richtung Süden: Hier steht auf dem Weg von Konradshöhe nach Tegelort an der Kreuzung Schwarzspechtweg die 1939 geweihte **Jesus-Christus-Kirche** der evangelischen Gemeinde, mit einem Altarfresko des Kirchenmalers Rudolf Schäfer. **Tegelort** war ursprünglich vollständig bewaldet. Im ausgehenden Mittelalter rodeten Bauern aus Heiligensee Teile des Waldes für Ackerland. Der Berliner Färbermeister Karl Friedrich Berger legte Ende des 19. Jahrhunderts den Grundstein zur Villenkolonie, zu der Tegelort 1896 offiziell erklärt wurde. Um 1900 gab es 173 Einwohner und nicht weniger als zehn Gartenlokale. Bis heute ist Tegelort vor allem als Ort des Segelsports bekannt. Man findet Bootsstände und Verleih, Segelschulen, dazu Hotels, Ferienwohnungen und Gastronomie. Am Ufer ragt ein Bootsschuppen mit bemoostem Reetdach in den Fluss. Er gehört der 1902 gegründeten

Feuerwehr von Tegelort und ist seit 1929 Parkhaus für Löschboote. Die **„Hol Über II"** setzt an der Jörsstraße in zweieinhalb Minuten nach Hakenfelde über. Seit 1961 betreibt Familie Buchardi die Autofähre und befördert nicht nur Fahrzeuge, Fahrräder und Fußgänger. Für 1,40 Euro dürfen auch Pferd und Reiter an Bord. Am Steuer steht ein gelernter Vollmatrose der Handelsmarine.

In Heiligensee und Konradshöhe gehen die Uhren anders als in anderen Reinickendorfer Ortsteilen. Die Zeit ist nicht stehen geblieben, aber es lebt sich vielleicht ein wenig beschaulicher und behaglicher. 1968 reimte Liedermacher Ingo Insterburg, der bekanntlich in allen Berliner Bezirken eine Freundin hatte: „Ich liebte ein Mädchen in Heiligensee, da gab's zwischendurch Gebäck und Tee." Ist das nicht in Wahrheit eine sehr zärtliche Liebeserklärung?

Frohnau und Hermsdorf

„In Berlin ganz oben!" – Diesem Reinickendorfer Werbeslogan wird Frohnau in jeder Hinsicht gerecht. Die „frohe Aue" liegt tatsächlich ganz im Norden der Hauptstadt, auf höchstem Niveau befinden sich die Immobilienpreise, ebenso das Durchschnittseinkommen der Bewohner. Die Gartenstadt zieht seit über 100 Jahren nicht nur wohlhabende Familien an, sondern auch Künstler und Intellektuelle. Eine feine Adresse, dabei gar nicht abgehoben oder gar „Über den Wolken", wie ein prominenter Frohnauer einst über seine Fliegerleidenschaft sang. Reinhard Mey und seine Nachbarn leben im Grünen, erreichen mit der S-Bahn in einer halben Stunde das Stadtzentrum und bleiben ansonsten in aller Regel schön auf dem Teppich.

Die Geschichte Frohnaus begann 1907 mit Gründung der „Berliner Terrain-Centrale" durch Guido Henckel von Donnersmarck (1830–1916). Der Industrielle besaß in seiner oberschlesischen Heimat ausgedehnte Güter und viele Erz- und Kohlegruben. Es hieß, er sei etwas ärmer als Bertha Krupp, aber deutlich reicher als der Kaiser, der ihn 1901 in den Fürstenstand erhoben hatte. Die Terraingesellschaft kaufte 784 Hektar Kiefernwald entlang der Nordbahn, um eine Villenkolonie anzulegen. Pläne dazu lieferte der Landschaftsarchitekt Ludwig Lesser nach englischem Vorbild. Das Zauberwort hieß „Garden City Movement". Die **Gartenstadtbewegung** war eine Reaktion auf die schlechten Wohnverhältnisse in den sich ständig verdichtenden Industriemetropolen. Ihr Gegenrezept hieß: Einfamilienhäuser mit Garten zur Selbstversorgung im Umland. Errichtet auf billigem Ackerland, aber durch die Eisenbahn mit der City verbunden. So steht seit Anbeginn im Mittelpunkt von Frohnau ein Bahnhof, denn Voraussetzung für den „Garten vor der Stadt" war die Verkehrsanbindung.

Der Casinoturm steht zwischen Zeltinger und Ludolfinger Platz.

Die Kugelläuferin von Otto Maerker ziert den Kaskadenbrunnen am Ludolfinger Platz.

Als Geburtstag Frohnaus gilt der 7. Mai 1910. An diesem Tag wurde die Gartenstadt eingeweiht, der Bahnhof eröffnete eine Woche zuvor. Allerdings entstanden die meisten Wohnhäuser zwischen **Zeltinger Platz** und **Ludolfinger Platz** erst in den zwei Jahrzehnten zwischen den beiden Weltkriegen. Bis dahin lief der Verkauf der Parzellen, trotz massiver Werbung, eher schleppend. Der Berliner Norden war nicht die erste Adresse der vornehmen Welt. Sie bevorzugte die Villenvororte Grunewald und Wannsee.

Viele Gebäude der zentralen Doppelplatzanlage schufen die Architekten Gustav Hart und Alfred Lesser im Jugendstil. Der 30 Meter hohe **Casinoturm** war ursprünglich ein Wasserturm, dessen Reservoir (49 Kubikmeter) den Bahnhof und umliegende Gebäude versorgte. Später diente das Wahrzeichen Frohnaus als Restaurant und Hotel, kurzzeitig wohl auch der käuflichen Liebe. In Zukunft soll die balkonartige Aussichtsplattform nach vielen Jahren baupolizeilicher Sperrung wieder zugänglich sein. In 26,5 Meter Höhe schaut man bei klarem Wetter bis zum Alexanderplatz. Das Geweih über dem Eingang stammt von einem kapitalen Hirsch, erlegt im kaiserlichen Hofjagdrevier bei Oranienburg. Am Ludolfingerplatz erinnern sich ältere Frohnauer noch an die 1939 eröffneten Capitol-Lichtspiele. Das Kino flimmerte drei Jahrzehnte, dann wurde das Gebäude abgerissen. In den Neubau mit Tiefgarage zog ein Supermarkt. Der **Fontänenbrunnen** sprudelt seit 1912 in zwölfeckiger Granitumrandung.

Über die **Frohnauer Brücke** – mit seinen Cafés eigentlich eine charmante Promenade – erreicht man den Zeltinger Platz. Hier zieht ein Balanceakt in einem der schönsten Brunnen Berlins die Blicke auf sich. Das Original der **Kugelläuferin** schuf 1931 der Bildhauer Otto Maerker (1891–1967). Aber nur elf Jahre später wurde die lebensgroße Bronze im Zweiten Weltkrieg eingeschmolzen. Dem Bildhauer Harald Haake ist es zu verdanken, dass die berühmteste Frohnauerin seit 1980 wieder den Kaskadenbrunnen mit seinen 30 Bogenstrahlen ziert. Er schuf die Brunnenplastik neu, nach Vorlage eines erhaltenen Gipsmodells, das ihm Maerkers Witwe zur Verfügung gestellt hatte. 1935 wurde der Grundstein für die **Evangelische Johanneskirche** am Zeltinger Platz gelegt. Bis dahin diente eine Notkirche in der nahe gelegenen Senheimer Straße der Gemeinde für Gottesdienste. Der 28 Meter hohe Backstein-Turm der Johanneskirche hat einen rechteckigen Grundriss. Für Kirche und Nebengebäude hatte Architekt Walter Krüger womöglich mittelalterliche Wehranlagen vor Augen. Im schlichten Innenraum beeindruckt das hohe Altarkreuz mit der Inschrift „Dein Wille geschehe“. Vor der Kirche brennt seit vielen Jahren (unter Aufsicht der Freiwilligen Feuerwehr Frohnau) im Frühjahr das Osterfeuer, ein Weihnachtsmarkt öffnet

Die Johanneskirche in Frohnau

am 1. Advent. Die Auswahl der Geschäfte ist in den letzten Jahren leider eher geschrumpft als gewachsen. Vom Platz nicht wegzudenken ist die Buchhandlung Haberland. Sie stellt seit 1932 die Nahversorgung der Frohnauer mit Lektüre aller Art sicher. Das **Centre Bagatelle** in der Zeltinger Straße wurde 1925 als Landhaus für den Generaldirektor einer Versicherung gebaut. Nach dem Krieg zogen die Franzosen ein, auf legendären Sommerempfängen schlürften sie gemeinsam mit deutschen Gästen Champagner. Eine Bürgerinitiative rettete das Kulturhaus 2006 vor dem Verkauf durch den Liegenschaftsfonds. Heute treffen sich Jung und Alt zu Konzerten, Lesungen, Vorträgen, Ausstellungen und Theaterabenden.

Die Invalidensiedlung in Frohnau erinnert in seiner Architektur an das Holländerviertel in Potsdam.

Vom Doppelplatz gehen alle Hauptstraßen des Ortsteils ab und verzweigen sich. Nie gerade, immer gewunden, was ihren Charme noch erhöht. Man verläuft sich leicht in Frohnau, dennoch lässt man sich beim Spaziergang am besten ziellos treiben und wird idyllische Plätze entdecken. Das Ensemble der vielen schönen Häuser und Gärten – von Weltkriegsbomben weitgehend verschont und zu Mauerzeiten von drei Seiten eingeschlossen – ist die eigentliche Sehenswürdigkeit. Geht man vom Zeltinger Platz den Sigismundkorso entlang und biegt links in die Straße An der Buche ein, erreicht man die Häusergruppe An der Buche 17/21. Der Architekt Heinrich Straumer, zu dessen bekanntesten

Bauten der Berliner Funkturm zählt, schuf 1910/1911 diese und später viele weitere Landhäuser sowie das Umspannwerk in Frohnau. Die drei Straumer-Häuser mit ihrem roten Backstein bildeten so etwas wie die Musterhäuser der neu angelegten Wohnsiedlung in Frohnau.

Zurück am Zeltinger Platz, steigt, wer mag, in den Bus der Linie 125 und fährt bis zur Endstation, mit der man die **Invalidensiedlung** erreicht. Sie wurde 1938 für die Stiftung Invalidenhaus angelegt, nach Vorbild des Holländerviertels in Potsdam. Am Jägerstieg, mitten im Wald, stand bis vor wenigen Jahren das zweithöchste Bauwerk Berlins. Der 358,6 Meter hohe **Richtfunksendemast**, Teil der Richtfunkanlage Frohnau und seit 1980 in Betrieb, war nur knapp zehn Meter niedriger als der Fernsehturm. Seine Aufgabe war es, bis zu 11 700 Telefonate gleichzeitig von West-Berlin in die alte Bundesrepublik zu übertragen. Die angestrebte Abhörsicherheit war freilich nie gegeben. Der Gegenturm stand 133 Kilometer entfernt, im niedersächsischen Gartow. Am 8. Februar 2009 wurde der 920-Tonnen-Mast gesprengt. Er war, nicht zuletzt durch Einführung der Glasfasertechnik, bedeutungslos geworden.

Der Spaziergänger nimmt nicht den Bus, sondern läuft vom Zeltinger Platz aus den Edelhofdamm entlang und gelangt zum Edelhofdamm 54. Hier ließ Dr. Paul Dahlke von 1922 bis 1924 das **Buddhistische Haus** errichten. Auf mehreren Reisen nach Ostasien hatte der wohlhabende Arzt die asiatische Weisheitslehre kennengelernt. Als Ort seines buddhistischen Klosters hatte er zunächst Sylt vorgesehen, doch

Das Buddhistische Haus in Frohnau ist ein Ort der Ruhe und Kontemplation.

verwirklicht wurde der Bau der wichtigsten westeuropäischen Kultstätte des Buddhismus schließlich in Frohnau. Durch ein Elefantentor steigt der Besucher 73 Stufen hinauf. Acht Treppenabsätze symbolisieren den zur Erlösung führenden achtfachen Weg Buddhas. Jeder ist hier willkommen, gemäß Dahlkes Wahlspruch: „Was wir tun, soll jeder sehen können. Was wir reden, soll jeder hören können. Was wir denken, soll jeder wissen können."

Der Hermsdorfer Waldsee

Von Frohnau nach Hermsdorf gelangt man im 21. Jahrhundert wie selbstverständlich entlang der Oranienburger Chaussee. Doch 28 Jahre lang war die Bundesstraße 96 an der **Grenze zu Glienicke-Nordbahn** mit Mauer und Todesstreifen überbaut. Daran erinnern eine Gedenkstätte am Fürstendamm und die Infotafel in der Straße Am Sandkrug, die man von der Berliner Straße aus erreicht. Sie erzählt die kuriose Geschichte des **Entenschnabels**, einer schmalen DDR-Enklave, die nach West-Berlin hineinragte. In der Nacht vom 9. zum 10. März 1963 flohen 13 Menschen von Glienicke nach Hermsdorf, durch einen 45 Meter langen Stollen in 3,30 Meter Tiefe. Innerhalb von zehn Minuten robbten sie unter der Mauer hindurch, von der Ottostraße (Einstieg-Ost) zur Veltheimerstraße (Ausstieg-West), die beide östlich der Oranienburger Chaussee liegen. Noch 48 Jahre später wurden Reste des Fluchttunnels entdeckt, so stabil war er!

Ein ursprünglich geplanter Stichkanal zur Havel wurde in Frohnau nie verwirklicht. In Hermsdorf empfängt dagegen der romantische **Waldsee** den Spaziergänger. Ihn erreicht man, wenn man der Berliner Straße südlich folgt und links in die Cecilienallee einbiegt. In der Villa Parkstraße 3a, die man über die Solquellstraße erreicht, lebte **Erich Kästner** ab 1966 zur Miete und in verflixt wilder Ehe. Der Schriftsteller pendelte zwischen München und Hermsdorf. In Bayern lebte seine Lebensgefährtin Luiselotte Enderle, am Waldsee die Schauspielerin Friedel Siebert und ihr gemeinsamer Sohn. Für Thomas, der die Hermsdorfer Fließtal-Grundschule besuchte, schrieb Kästner seine beiden letzten Kinderbücher „Der kleine Mann“ (1963) und „Der kleine Mann und die kleine Miss“ (1967).

Um Spuren der alten Heilquelle zu entdecken, bräuchte es Emil und alle seine Detektive. Nur die Solquellstraße erinnert an eine salzhaltige Heilquelle, die hier 1899 an der Ecke Waldseeweg in 327 Meter Tiefe erbohrt wurde. Als **Kaiserin Auguste Viktoria Quelle** sprudelte sie allerdings nur wenige Jahre. Dann versiegte sie und der Kurort-Traum von „Bad Hermsdorf“ platzte.

Auf dem Freigelände des Heimatmuseums steht ein rekonstruiertes germanisches Gehöft.

Wer am **Dorfanger Alt-Hermsdorf** steht, den man über die von der Berliner Straße ausgehende Almutstraße erreicht, erahnt noch die Form des Rundlings. 1349 wurde Hermanstorp erstmals erwähnt, doch der im Ortsnamen verewigte Siedelmeister Hermann sammelte hier sicher schon 100 Jahre zuvor Siedler aus dem Westen an. Grundmauern einer spätmittelalterlichen Dorfkirche wurden dort vor 30 Jahren gefunden. Der Grundriss dieser Feldsteinkirche ist heute am Anger nachgezeichnet. Die barocke **Dorfkirche** wurde 1756 geweiht und 1909 an der Schmalseite erweitert. Neben den schönen erhaltenen Bauernhäusern sieht man am Anger ein rotes Backsteingebäude. Von

1890 bis 1973 beherbergte es die Gemeindeschule, 1980 zog das **Heimatmuseum** ein, heute Museum Reinickendorf. Neben der liebevoll und sachkundig eingerichteten Dauerausstellung zur Bezirksgeschichte beeindruckt auf dem Freigelände ein rekonstruiertes germanisches Gehöft aus der Zeit um 200 n. Chr. Wie hoch mögen damals die Immobilienpreise gewesen sein? Zurück auf der Berliner Straße, erreicht man in nördlicher Richtung die Wachsmuthstraße. Am Dr.-Ilse-Kassel-Platz erinnert in der Wachsmuthstraße 9 ein Stolperstein an die von den Nazis verfolgte und ermordete Ärztin, bevor man zur **Apostel-Paulus-Kirche** kommt, die in der Wachsmuthstraße 25 liegt. Das Gotteshaus war früher ein Gartenlokal mit Aussichtsturm. Erst 1930 kaufte die Evangelische Gemeinde das Grundstück und baute das ehemalige „Waldschlösschen“ bis 1936 zur „Hindenburg-Gedächtniskirche“ um, seit 1946 nach dem Apostel Paulus benannt. Folgt man der Schloßstraße bis zum Hermsdorfer Damm, erreicht man an der Kreuzung Olafstraße die Katholische Kirche **Maria Gnaden**, die mit ihrem ungewöhnlichen Rundturm nur zwei Jahre jünger als die Apostel-Paulus-Kirche ist und 1934 geweiht wurde. Wie Frohnau ist auch Hermsdorf durch die S-Bahntrasse in zwei Hälften geteilt. Als der **Bahnhof Hermsdorf** 1877

Fuchs-Skulptur am Max-Beckmann-Platz

an der Nordbahn eröffnete, verliefen die Schienen noch ebenerdig. 1912 wurde der Bahnhof um 200 Meter nach Norden verschoben, um einen inzwischen nicht mehr existierenden Güterbahnhof erweitert und der Zugverkehr in die Höhe gehoben. So muss man heute die S-Bahn-Gleise im Tunnel unterqueren. Im Norden erreicht man über die vom Hermsdorfer Damm ausgehende Heinsestraße durch das seinerzeit errichtete Bahnhofsgebäude den **Max-Beckmann-Platz**. Er erinnert an die Jahre, in denen der Künstler in Hermsdorf wirkte. Von 1906 bis 1914 lebte der Maler, Grafiker, Bildhauer und Autor Max Beckmann mit seiner Frau Minna in der Ringstraße 1, die man über den Hermsdorfer Damm in südlicher Richtung erreicht. Das von dem Künstlerehepaar selbst entworfene Wohn- und Atelierhaus ist erhalten. Beckmann malte vor Ort u. a. den „Hermsdorfer Wald am grauen Tag“ (1908), „Kaninchendiebe im Hermsdorfer Wald“ (1912) und 1909 das berühmte Doppelporträt mit seiner Frau. Unterquert man die S-Bahntrasse am Südausgang, durch den langen Fußgängertunnel, erreicht man den **Fellbacher Platz**. Prächtige Mietshäuser der Gründerzeit und eine frische Blumenpracht schmücken den Platz. Ebenso grün ist das historische **„Café Achteck“**. Seit 1878 wurden über

Der Fellbacher Platz liegt im Herzen von Hermsdorf.

Hundert solcher gusseisernen Toilettentempel in Berlin und Umgebung aufgestellt, aber nur wenige blieben erhalten. Die Fellbacher Straße führt zum **Georg-Herwegh-Gymnasium**. Ab 1928 wurden dort zunächst nur Knaben unterrichtet, seit 1962 auch Mädchen, heute etwa 1000 Schüler. Auch Jan Vetter, aufgewachsen in Frohnau, besuchte bis zum Abitur 1981 das GHO. Mit 16 Jahren fuhr er auf Klassenreise nach London und kehrte als Punk zurück. Als Farin Urlaub gründete er wenig später „Die Ärzte“. Parallel zu den S-Bahngleisen verläuft die **Heinsestraße**, wo Hermsdorf shoppt. Wie alle kleinen Einkaufsstraßen Berlins, verändert sich auch diese unaufhörlich. Doch es gibt zahlreiche Hermsdorfer Händler, die zum Teil seit vielen Jahrzehnten mit großer Leidenschaft dem Kiez die Treue halten und dafür von der Stammkundschaft belohnt werden. So kauft man die Schrippen bei Laufer, den Fisch beim Gaideck, Zigaretten bei Köhn und Parfüm bei Wolff. Ist eben so.

Gedenktafel an der Synagoge des Jüdischen Religionsvereins

An der Kreuzung Hermsdorfer Damm muss man sich entscheiden: Will man zurück nach Frohnau oder zu den Wasserbüffeln? Nach Frohnau führt der Falkentaler Steig. Vor dem Haus Nummer 16 sieht man im Pflaster eingelassen neun Stolpersteine. Das Haus war seit 1926 ein jüdisches Kinderheim, ab 1935 die **Synagoge des Jüdischen Religionsvereins** für die nördlichen Vororte. Nach der Pogromnacht 1938 mussten Juden auf behördliche Anordnung zwangsweise einziehen, viele von ihnen wurden von dort deportiert und ermordet. Der Falkentaler Steig führt zur Frohnauer Straße. Der dortige **Hermsdorfer Friedhof** liegt eigentlich schon in Frohnau. Er wurde 1911 parkartig rings um den 30 Meter hohen Wasserturm angelegt, den Max Beckmann 1909 auf einem Gemälde noch im Bau verewigte. Wer hingegen den Weg über den Hermsdorfer Damm Richtung Tegel einschlägt, der erreicht bald das Fließtal. Im Mai 2015 startete ein ungewöhnliches Beweidungsprojekt im Naturschutzgebiet. Zur Pflege der Nasswiesen zieht jeden Sommer eine kleine Herde **Wasserbüffel** aus ihrem Winterquartier in der Döberitzer Heide nach Hermsdorf. Zuletzt waren fünf Jungbullen als Landschaftspfleger auf der Überschwemmungswiesenlandschaft im Einsatz. „Mithilfe ihrer ausgespreizten Hufe sinken sie auf dem sumpfigen Untergrund nicht ein“, lernt man auf einer von Schülern des Gabriele-von-Bülow-Gymnasiums für die Wasserbüffel erarbeiteten Homepage. Die Büffel mögen uns an den einstigen Wildreichtum des waldreichen Berliner Nordens erinnern. Bis in die frühe Neuzeit bevölkerten Elche, Bären, Auerochsen und Luchse das Gebiet des heutigen Bezirkes Reinickendorf. Noch im späten 17. Jahrhundert rief der Große Kurfürst seine Hofjägermeister hier regelmäßig zu Wolfsjagden auf!

Im Hermsdorfer Fließ fühlen sich auch Wasserbüffel wohl.

Märkisches Viertel, Lübars und Waidmannslust

Hochhäuser und Landhausvillen, Halfpipes und Pferdekoppeln. Dieser Spaziergang ist das reinste Kontrastprogramm. Er beginnt am **S-Bahnhof Wittenau**, leider ein Brennpunkt der Kriminalität. Eigentlich sollte hier längst nicht mehr Endstation sein. Eine Verlängerung der U-Bahn-Linie 8 wurde den Bewohnern des Märkischen Viertels bereits Ende der Sechzigerjahre versprochen. 50 Jahre lag das Projekt auf Eis. Unlängst wurden die Pläne neu aufgerollt. Eine Machbarkeitsstudie der BVG liegt vor, ebenso ein internes Prüfpapier des Senats. Im Raum steht eine Verlängerung der U8 bis zur Treuenbrietzer Straße. Sogar Entwürfe für die Bahnhofsgestaltung gibt es schon. In den Farben Blau und Weiß, dekoriert mit Baumstamm-Motiven. Frühestens 2025 könnten Züge rollen. Bis dahin erreicht man eine der beiden Großsiedlungen des alten West-Berlins weiterhin oberirdisch über den Wilhelmsruher Damm. Neben der Gropiusstadt im Süden entstand am nördlichen Stadtrand das **Märkische Viertel**. Von 1963 bis 1974 wurden 16 916 Wohnungen für 40 000 Menschen gebaut. Das „MV" bekam viele Spitznamen, selten waren sie schmeichelhaft. Architekten sprachen von einer „Großwohnsiedlung", Kritiker schimpften über die „Trabantenstadt" mit „Wohnmaschinen" im „Merkwürdigen Viertel". Fest steht: Das Märkische Viertel, be-

Pferd und Reiter in Lübars

nannt nach der Mark Brandenburg, linderte seinerzeit als Neubaugebiet die Wohnungsnot. Zuvor lebten auf dem Areal über 10 000 Menschen in rund 3000 Lauben und Notwohnungen. Die hygienischen Verhältnisse waren miserabel, der Untergrund feucht, es gab keine Kanalisation im „grünen Slum" von Wittenau-Nord. An den Planungen einer „neuen Stadt" mit drei- bis 18-geschossigen Wohnhausgruppen beteiligten sich 35 internationale Architekten, am 1. August 1964 zogen die ersten 136 Mietparteien am Dannenwalder Weg ein. Im Süden und Osten grenzte das Stadtrandviertel bis 1989 direkt an die Mauer. Nach anfänglichem Enthusiasmus wurde bald scharfe Kritik laut. Es hieß, die Infrastruktur sei im Verhältnis zur Einwohnerzahl mangelhaft bemessen. Es fehle an Geschäften, Restaurants und Kneipen, vor allem aber an Schulen, Kindergärten und Spielplätzen. Der „Spiegel" sprach 1968 von einem „Musterbeispiel für asozialen Wohnungsbau". Ulrike Meinhof rief im Mai 1970, wenige Tage bevor sie mit der RAF in die Illegalität abtauchte, zum „Kampf im Märkischen Viertel" auf.

Das Märkische Viertel aus der Fußgängerperspektive

Passage im Märkischen Viertel

Im Herbst 1972 kam es zu Mieterprotesten, inklusive Autokorso zum Rathaus Schöneberg. Das Image des Viertels war bereits lange vor Übergabe der letzten 134 Wohnungen am 1. Februar 1974 gründlich ruiniert. Angeblich hielten Touristenbusse am Senftenberger Ring, um einen Blick auf Berlins schlimmstes Wohngebiet zu werfen.

Dennoch gibt es heute Tausende Mieter der ersten Stunde. Die durchschnittliche Wohndauer beträgt 17 Jahre und viele Heranwachsende bleiben in der Siedlung und gründen Familien. Denn das Märkische Viertel, seit Juni 1999 eigener Ortsteil von Reinickendorf, hat in den letzten Jahrzehnten den Imagewandel geschafft. Dazu trugen ab den 1990er-Jahren viele bauliche Umgestaltungen und Verschönerungen bei. Der **„Lange Jammer"** wurde durch Anstrich und Modernisierung zur „Champagner-Burg". Einige Märker wurden prominent. Paul Würdig, der sich als Rapper Sido nennt, brachte die Hochhaussiedlung 2004 in die Charts. Am Senftenberger Ring 66 entstand sein Video zu „Mein Block": „Meine Gedanken, mein Herz, mein Leben, meine Welt reicht vom ersten bis zum 16. Stock." Comiczeichner Fil, Jahrgang 1967, der bürgerlich Philip Tägert heißt, sagt: „Als Kinder hatten wir manchmal Angst vor Rockern auf dem Spielplatz. Als jugendlicher

Punker aber war das Märkische Viertel der beste Ort, wo man sein konnte." Seine Geschichten von „Didi und Stulle" sind Kult und spielen im MV. Im Viertel aufzuwachsen war oft ziemlich krass, nichts für Weicheier, aber irgendwie auch cool. Sido ließ sich die Buchstaben M und V auf die Hand tätowieren.

Im 1976 eröffneten **Fontane-Haus** am Marktplatz gibt es pro Jahr bis zu 200 kulturelle Veranstaltungen, vom Kinder-Musical bis zum MTV-Unplugged-Konzert, dazu Bibliothek und Bürgeramt. Vor dem Kulturzentrum wurde 1992 in einem Brunnenbecken der **Fontanebogen** aufgestellt. Die 4,60 Meter hohe Bronzeskulptur gleicht einem Tor aus Baumstämmen und ist ein Werk des Bildhauers Emanuel Scharfenberg (1932–2006).

Das Fontane-Haus ist ein kultureller Begegnungsort im Märkischen Viertel.

Das **Märkische Zentrum** am Wilhelmsruher Damm / Ecke Senftenberger Ring wurde 2002 neu gestaltet und ist seitdem mit 50 000 Quadratmetern Verkaufsfläche das größte Einkaufscenter im Berliner Norden. Auf dem Panoramaplatz wachsen fünf echte Palmen, der Brunnenplatz ist der Lieblingsort für alle, die eine Tasse Kaffee genießen oder einfach mal fünf Minuten Luft schnappen möchten. Hauptschlagader des Viertels ist der 2,6 Kilometer lange **Senftenberger Ring**. Hier wurde 1973 nach dänisch-englischem Vorbild Deutschlands erster **Abenteuerspielplatz** eröffnet, betrieben vom Bund Deutscher Pfadfinder. Wer neu ist, darf drei Tage an der Übungshütte werkeln, anschließend auf dem „Acker“ seine eigene Hütte bauen. Kreativität vermittelt ebenso die Jugendkunstschule Atrium, als Ort für Workshops und Gastspielstätte von Kindertheatern. Seit 2013 gibt es am Senftenberger Ring die **Skate Plaza** mit Halfpipes und Rampen (was seither die Treppen vor dem Fontane-Haus schont), im Sommer 2018 eröffnete der Mehrgenerationenspielplatz „Wolkenhain“. Viele „Wolkenkratzer“ wurden seit 2008 saniert und modernisiert. Fassaden, Dächer und Kellerdecken bekamen eine Wärmedämmung, um die Heizkosten zu senken. Die unhygienischen Müllschlucker werden nach und nach geschlossen. Zwischen den Hochhäusern gibt es Rasenflächen und Grünzüge, dazu im nördlichen Bereich zwei Seen. Die Grünanlage um das **Mittelfeldbecken** schmücken seit 2013 drei Großskulpturen. Sie entstanden im Rahmen eines Schülerprojekts. Am **Seggeluchbecken** (Segge bezeichnet eine Gattung von Grasgewächsen) wurde 1972 die Evangelische Kirche mit Gemeindehaus eingeweiht. Neben den Seen diente ein Grabensystem ursprünglich zur Entwässerung. Denn Teile des Märkischen Viertels entstanden in einem sumpfigen Feuchtgebiet. Daher konnten einige Häuser nicht unterkellert werden und haben Abstellräume im Erdgeschoss. Die Mehrheit der Bewohner bezeichnet ihre Lebenssituation im Märkischen

Viertel als gut bis sehr gut. Ein höflich gemeinter Rat für alle, die neu einziehen: Man grüßt sich im Fahrstuhl!

Spaziert man weiter in nordöstliche Richtung, wird es immer grüner. Durch den Fasaneriegraben erreicht man in wenigen Minuten den **Freizeitpark Lübars**, der auf einer von 1957 bis 1981 betriebenen Hausmüllhalde entstand. Was für eine Verwandlung! Inmitten des 40 Hektar großen Parks hat man von der Lübarser Höhe (85,3 Meter) beste Aussicht. Am Hang trifft man Drachenflieger, Wanderwege und eine 300 Meter lange Ski- und Rodelpiste mit Flutlichtanlage wurden angelegt. Zwei ehemalige Schweinemästereien sind seit 1984 als **Alte Fasanerie** zu einem Bauernhof umgestaltet worden. Die erste Fasanerie ließ Friedrich der Große im 18. Jahrhundert auf der kirchlichen Lübarser Feldmark anlegen, daher der Name. Heute bekommen Kinder und Jugendliche auf der Familienfarm Lübars Einblicke ins Landleben. Sie erleben in der Hofschule altes Handwerk, lernen Kühe zu melken und Brot zu backen.

Weiter nördlich ist für Stadtmenschen scheinbar die Welt zu Ende. Vor rund 100 Jahren wurde in der Gegend der erste Karl-May-Stummfilm „Auf den Trümmern des Paradieses“ gedreht. Er basierte auf der Romanvorlage „Von Bagdad nach Stambul“ und war ein Flop. Vielleicht weil unweit des Drehortes für Kara Ben

Natur und Stadt liegen eng beieinander – Blick auf das Märkische Viertel

Nemsi kein Minarett in den Himmel ragte, sondern ein Kirchturm. Er gehört zur **Dorfkirche Lübars**, mitten in einem der malerischsten Dörfer, die Berlin noch hat. Den Dorfkern Alt-Lübars erreicht man über die Quickborner Straße oder die Wittenauer Straße in nördlicher Richtung. Lübars wurde bereits 1247 urkundlich erwähnt und gehörte im Mittelalter den „Jungfrouwen" des Benediktinerinnenklosters in Spandau. Der Ortsname bedeutet „liebes Dorf". 1790 zerstörte ein großer Brand die halbe Gemeinde und die mit Stroh gedeckte Fachwerkkirche. Sie wurde wenig später nach Plänen des Berliner Oberbaurats Carl Gotthard Langhans wieder aufgebaut. Der barocke **Kanzelaltar** war vom Soldatenkönig Friedrich Wilhelm I. ursprünglich für die Gertraudenkirche am Spittelmarkt vorgesehen und kam über einige Umwege 1956 in die Dorfkirche. Das Taufbecken wurde aus einem Lübarser Findling geschnitten. Im Turm hängen drei Glocken, mit den Schlagtönen f", d" und a", die größte wiegt 220 Kilo. Aus dem Vorgängerbau sind noch zwei Bronzeleuchter und eine Eichentruhe erhalten. Auf dem Kirchhof wurde bis 1932 bestattet; ein Maulbeerbaum aus der Zeit Friedrichs des Großen, der Preußen bekanntlich

Dorfkirche Lübars

zur Seidenraupenzucht verdonnert hatte, wächst dort noch immer. Schulmeister Michael Schultze unterrichtete 1744 noch in der eigenen Stube, im Hauptberuf war er Schneider. Seit 1820 steht ein **Schulhaus** auf dem Anger, 1906 wurde es erneuert, gleich daneben steht das Spritzenhaus der Freiwilligen Feuerwehr. Kein Dorf ohne Krug! Als erster namentlich bekannter Wirt erscheint Matthias Rathenow 1592 in den Annalen. Der **„Alte Dorfkrug“** wurde 1896 ein Raub der Flammen, Carl Seeger ließ ihn daraufhin im Gründerzeitstil mit Billardzimmer und Sommerkegelbahn im Kaffeegarten neu errichten. Der ehemalige Tanzsaal wurde 1979 als „LabSaal“ zu einem vielbeachteten Kulturzentrum. Unvergessen ist der „Schinkenmüller“, bürgerlich Hermann Müller, der im Gasthof „Zum lustigen Finken“ (Alt-Lübars 20) hungrige Studenten mit riesigen Schinkenstullen bewirtete. Rings um den Dorfanger gruppieren sich die Grundstücke der **Pferdewirte**, denn Lübars ist nicht zuletzt ein Reiterdorf. Koppeln und Weiden sind Anziehungspunkt für viele Ausflügler. Natürlich kann man in Lübars auch Reiten lernen oder das eigene

Im "Alten Dorfkrug" lässt es sich nach einem Spaziergang gut verweilen.

Pferd in Pension geben. Sie bekommen dann Hafer und Heu vom örtlichen Acker. Wie begütert Lübarser waren, lässt sich bis heute an den Bauernhäusern ablesen. Es gilt die „Fenster-Geld-Regel“: Die meisten Häuser haben fünf Fenster. Wer sechs hatte, war reicher, wer nur vier hatte, etwas ärmer. Die Sorge gilt in Zukunft dem Erhalt solcher Idylle. Darum steht in Lübars fast alles unter Denkmalschutz, sogar die Gaslaternen, ein Hühnerstall und die örtliche Telefonzelle.

Das Tegeler Fließ

Doch zurück zur Natur. Auf einem **Naturlehrpfad**, der in Lübars beginnt, kann man Richtung Hermsdorfer See das **Tegeler Fließ** entdecken. Eine gute Viertelstunde führt der Weg über Holzplanken, Tafeln informieren über seltene Pflanzen und Tiere. Quellbäche bei Basdorf und Zühlsdorf in Brandenburg speisen das Fließ, das an der Sechserbrücke in den Tegeler See mündet und insgesamt rund 30 Kilometer lang ist. In der Bachniederung leben 17 Fisch- und elf Amphibien- und Reptilienarten, Fischotter und Wasserspitzmaus, Pirol und Eisvogel. Der Hainveilchen-Perlmuttfalter galt in Berlin als längst ausgestorben, bis man ihn im Fließtal wiederentdeckte. Kurz vor der Mündung, in Höhe Tituswegbrücke in der Ziekowstraße, machte der

Landwirt Kurt Möbius 1953 bei der Feldarbeit ebenfalls eine bedeutende Entdeckung: Feuersteinklingen steinzeitlicher **Rentierjäger**. Sie schlugen im 9. Jahrtausend v. Chr. regelmäßig im Frühjahr am Fließ ihr Lager auf. Denn sie folgten den Routen der Rentiere, die beim Überqueren einer schmalen Furt zur leichten Beute wurden. Die Hinweise auf die Rentierjäger vom Tegeler Fließ sind die frühesten Spuren menschlicher Siedlungen im Berliner Raum. Der Urberliner war Reinickendorfer!

Vom Naturlehrpfad geht es vorbei an zwei Seen nach Waidmannslust. Der **Hermsdorfer See** ist eine natürliche Verbreiterung des Fließ. Der **Ziegeleisee** dagegen eigentlich nur eine vollgelaufene Tongrube, denn hier wurden in der Kaiserzeit Ziegel produziert. 1926 eröffnete am See ein schönes **Freibad**, neuerdings mit Eventcharakter. Südlich des Fließtals beginnt südwestlich der B 96 **Waidmannslust**. Wie der Ortsteilname verweisen u. a. Halali-, Hubertus- und Dianastraße auf die Jagd, natürlich ist das kein Zufall. Die hier befindliche **Villenkolonie** verdankt ihr Entstehen dem Eigensinn eines Försters. Ernst Bondick (1836–1892) erwarb 1875 Ländereien auf der Lübarser Feldmark, direkt von der Bauernwitwe Knobbe, für lumpige acht Pfennig pro Quadratmeter. Doch er tat dies gegen den Willen seines Hermsdorfer Gutsbesitzers, der selbst auf das Gebiet spekuliert hatte, und wurde prompt entlassen.

Das Strandbad Lübars bietet Erholung für alle.

So wurde der Waidmann zum Wirt. Bondick schmückte sein neues Fachwerkhaus (am heutigen Waidmannsluster Damm 144) mit Geweihen von selbst erlegten Rehen und Hirschen. Als **Landgasthof Waidmannslust** wurde es zum Namensgeber des Ortes, doch Gäste blieben aus. Das änderte sich erst 1884, als Waidmannslust eine Station an der Nordbahn bekam. Die Finanzierung der Bedarfshaltestelle am heutigen S-Bahnhof hatte der ehemalige Förster selbst übernommen. Nun kamen nicht nur Ausflügler, das Terrain wurde auch für Siedler attraktiv. Erste Landhäuser präsentierten sich im Stil italienischer Campagna-Villen oder mit altdeutschem Fachwerk, bald kamen auch mehrstöckige Mietshäuser dazu. Ab 1924 wurde der 35 Hektar große **Steinbergpark**, südlich des Waidmannsluster Damms, angelegt. Vom Gipfel plätschert nach Süden ein 125 Meter langer Wasserfall über 200 Granitfindlinge. Der künstliche Bachlauf wird über Pumpen aus dem Steinbergsee gespeist und hat neun Stromschnellen. Der Nordhang des Steinberges ist im Winter eine beliebte Rodelpiste. Die reizvolle Höhenlage von Waidmannslust ist nicht nur dort bemerkenswert. Auf einer Anhöhe (geologisch ein eiszeitlicher Moränenrücken) zwischen Park und S-Bahnhof Waidmannslust (Jean-Jaurès-Straße)

Wasserfall im Steinbergpark

steht östlich des Parks die **Königin-Luise-Kirche** an der Bondick- / Ecke Hochjagdstraße mit neobarockem **Jubiläumsbrunnen**. Die Westfassade des Wahrzeichens von Waidmannslust erinnert an das Rathaus der alten Kaiser- und Hansestadt Tangermünde. Die Anregung dazu kam von Auguste Viktoria, im Volksmund liebevoll „Kirchen-Juste" genannt, der kaiserlichen Unterstützerin des Kirchenbauvereins. Natürlich kam die letzte deutsche Kaiserin 1913 auch persönlich zur Einweihung.

Ein Fassaden-Detail der neobarocken Königin-Luise-Kirche

Straßennamen wie Avenue Charles de Gaulle oder Rue Racine zeugen in der **Cité Foch** von den vielen Franzosen, die bis zum Abzug der Alliierten in Waidmannslust lebten. Allen voran der Hohe Kommissar der Französischen Republik, der von 1948 bis 1992 an der **Dianastraße 41-43** residierte. Das repräsentative Herrenhaus ließ sich 1904 der Bankdirektor Ernst Noelte errichten, seit 1914 gehörte es einem Schokoladen- und Bonbon-Fabrikanten und in Zukunft könnte es als Senioren-Residenz dienen. Viel Wandel in Waidmannslust, Ex-Förster Bondick hätte seine Freude!

Das Hinweisschild "Cité Foch" erinnert an die Zeit der französischen Alliierten in Berlin.

Hier endet der Spaziergang durch Reinickendorf. Ein Bezirk größer als Manhattan, aber kleiner als Sylt, in dem laut Statistischem Landesamt (Stand Ende 2018) 263 597 Menschen leben. 103 749 sind verheiratet, 614 in einer Lebenspartnerschaft, 25 850 geschieden. Es gibt 54 öffentliche Schulen, davon 30 Grundschulen und acht Gymnasien, fast so viele Handwerksbetriebe (2426) wie Gästebetten (2687) und das mittlere monatliche Haushaltsnettoeinkommen beträgt 2025 Euro (in Frohnau deutlich mehr, in Borsigwalde weniger). Doch solche Zahlen verraten eigentlich nicht viel über das wahre Leben im **„Fuchsbezirk“**. Ach ja, die Sache mit dem Fuchs. Er schnürt durch das Bezirkswappen, man sieht ihn auf Sporttrikots, Firmenlogos und Wandgemälden, in Holz geschnitzt und Bronze gegossen – und natürlich durchstreifen lebendige Füchse alle elf Ortsteile. Reineke ist allgegenwärtig in Reinhards Dorf. Aber wie der Bär in Berlin, so hat sich der Sagenfuchs durch Namensähnlichkeit in Reinickendorf eingeschlichen. Eine schöne Wahlheimat – und der beste Beweis seiner Schlauheit!